# AMOR
## A L   A I R E

# AMOR AL AIRE

## ARGELIA ATILANO    OMAR VELASCO

HarperCollins *Español*

Editora en Jefe: *Graciela Lelli*
Diseño editorial: *Grupo Nivel Uno, Inc.*

ISBN: 978-0-7180-8345-8

Impreso en Estados Unidos de América

16 17 18 19 20 DCI 6 5 4 3 2 1

Compartimos este libro con:

Mis papás, Salvador y Bertha. Mis hermanos,
Salvador, Fernando, Jaime, Lorena, Jorge y Betty.

Mis papás René y Mariana. Mis hermanas,
Oralia, Mayra y Vanessa.

A ellos y sus respectivas familias, muchas
gracias por su amor y apoyo incondicional.

Este libro está dedicado a nuestras hijas Camila y Anabella. Con la esperanza que cuando lo lean, les guste mucho y se sientan orgullosas del origen del amor de papi y mami.

# ~( Contenido )~

# ~( Prefacio )~

CUANDO DECIDIMOS ESCRIBIR ESTE LIBRO, nos preguntamos: ¿de nuevo vamos a emprender un proyecto juntos? ¿Seguiremos con Omar y Argelia, como pareja, en otra aventura? Pues sí. Porque se trata de nuestra historia de amor y vida contada a los cuatro vientos, sin tapujos... al desnudo.

Y aquí estamos, escribiendo a cuatro manos, inspirados en los recuerdos de ambos, con las palabras y los sentimientos a flor de piel en cada emoción y pensamiento revividos. Nos hemos propuesto evocar momentos y experiencias que afloran de ese lugar interior donde los tenemos atesorados, y dejarlos salir con la misma fuerza, alegría o tristeza con las que llegaron allí.

Seguramente, muchos de los lectores ya nos conocen, o al menos nos han escuchado una que otra vez en nuestro programa de radio, K-Love desde Los Ángeles, junto a miles de admiradores que nos siguen a diario. Estas páginas los acercarán más a nosotros, porque les permitirán percibir con mayor claridad la manera en que ustedes, los radioescuchas, han sido primordiales en el desarrollo de gran parte de nuestras vivencias.

Sin embargo, aquellos a quienes no les resulta familiar el dúo de Omar y Argelia, o los que tienen este libro en sus manos solo por azar, están invitados a leer nuestras experiencias y reflexiones como el relato de dos seres unidos por el destino a pesar de sus desencuentros; un hombre y una mujer que han sabido sobrepasar fuertes retos desde la infancia y han podido delinear un solo camino para sus vidas y carreras, con el amor y la constancia como únicos baluartes.

Las historias y anécdotas contadas en estas páginas estarán salpicadas con las impresiones de ambos. A veces, las expresaremos a una sola voz, en un relato al unísono. En otras ocasiones, las imágenes se revelarán por separado para llegar al fondo de las memorias. No obstante, en todo momento, seremos Omar y Argelia, los dos fluyendo con una misma energía.

Gracias por acompañarnos en este viaje hacia nosotros mismos que hemos iniciado para reencontrarnos con muchas alegrías y aciertos, pero también con algunas aflicciones que nos han fortalecido, durante más de diez años juntos como una pareja frente al micrófono y en nuestra relación de amor.

# ~ 1 ~

# CUPIDO, PACIENTE Y PERSEVERANTE

A VECES, LAS COSAS SUCEDEN antes de que ocurran. Aunque parezca contradictorio, podemos asegurar que nuestra historia de amor se inició antes de conocernos. Se trata de una de esas cosas del destino que dejamos pasar sin una explicación, porque quizás no existe nadie que la pueda dar.

Sin embargo, los hechos están ahí y no nos desmienten. A finales de la década de 1990 nada hacía pensar que las vidas de Argelia Atilano y Omar Velasco se unirían. Éramos dos seres muy diferentes, viviendo cada uno sus propias fantasías, con menos de treinta años de edad, en la enorme y vibrante ciudad de Los Ángeles.

Argelia, recién graduada en la universidad, pasaba sus días buscando y produciendo notas para el noticiero de Telemundo. Mientras que Omar se desempeñaba como reportero de tráfico en una estación radial que, para ese entonces, se llamaba Metro Traffic. Ambos pertenecíamos a la industria de la comunicación, pero no había conexión alguna entre los dos.

No obstante, un buen día la pantalla de televisión y la cabina de radio se pusieron de acuerdo para producir magia. Sin nosotros proponérnoslo, se dio el primer encuentro a distancia. Al menos, el de Omar con Argelia. Lo cierto es que aquella tarde hubo un suceso fortuito y excepcional.

Mi hermana Betty —que también trabajaba en la radio— llegó a mi cabina muy entusiasmada y me dijo: «Omar, Omar, ven, ven, corre, corre, quiero presentarte a una chica ideal para ti». Yo le respondí: «*Okay*, vamos pues». Y entonces me llevó hacia su cabina. En el trayecto me preguntaba: «¿Quién será? ¿Una compañera de trabajo?». Ya en el lugar, mi hermana me indicó: «Ahí está». Yo no veía a nadie. Le pregunté intrigado: «¿Dónde?». Y ella me contestó: «Ahí, en la televisión». En ese momento dirigí mi mirada hacia la pantalla y descubrí la imagen de una reportera llamada Argelia Atilano. Extrañamente, no me llamó tanto la atención su físico como su nombre, que también figuraba en la pantalla. Tenía mi mirada fija en su nombre: Argelia Atilano. Y pensaba: *Qué nombre tan raro*. Nunca se lo dije a Argelia, pero creo que su nombre quedó marcado en mí. O quizás fue aquello que me dijo mi hermana: «Esa chica es para ti». Argelia entró en mi vida mucho antes de que la conociera.

Ese inesperado episodio sucedió en 1998 y se quedó ahí, como haciendo una pausa, como aguardando el momento preciso para enlazarse con otros hechos que completaran la historia.

Y continuamos así, cada uno en sus quehaceres. Al año siguiente, Argelia lograba una mayor presencia frente a las cámaras de televisión como reportera de espectáculos, y Omar entraba a trabajar en K-Love como locutor y asistente de programación.

Nuestras vidas y ocupaciones transcurrían paralelas, como las de millones de seres humanos alrededor de nosotros.

En el año 2000, K-Love decidió celebrar en grande su veinticinco aniversario con un megaconcierto en el Staples Center de

Los Ángeles. Se anunciaba a Vicente Fernández para darle inicio a
este evento que contaría con la participación de Chayanne, Marco
Antonio Solís, Ricardo Arjona, Enrique Iglesias y, como figura de
cierre estelar, Juan Gabriel. Sin lugar a dudas, era un acontecimiento en el mundo del entretenimiento del cual ambos fuimos
partícipes de manera distinta.

Esa mañana, Argelia convenció a sus jefes de la necesidad de
hacer una nota sobre los veinticinco años de la emisora de radio
más importante de habla hispana en Los Ángeles y, por otro lado,
de cubrir el concierto de la noche donde se presentarían artistas de
primer nivel.

> Ellos no querían autorizar la asignación de una cámara para mí,
> porque tenían las notas de los muertos, las pandillas, los informes
> de inmigración y todas las noticias del día. Tuve que pelear por la
> cámara hasta que los convencí. De inmediato, y sin hacer cita, me
> fui a K-Love. Llegué al vestíbulo y pedí hablar con Pepe Barreto, el
> locutor estrella, para que me concediera una entrevista. Sin embar-
> go, me respondieron que no estaba, que se había tomado el día libre.
> Entonces pregunté por la locutora del mediodía Martha Shalhoub,
> pero tampoco se encontraba allí. Hasta que, un poco desesperada,
> les dije: «Necesito algún locutor de K-Love que esté al aire para
> poder completar mi nota, porque de lo contrario me van a matar en
> el trabajo».

Sin saberlo, estábamos a muy pocos pasos de nuestro primer
encuentro personal. Argelia se hallaba en el vestíbulo de K-Love
pidiendo una entrevista, y Omar en una cabina de la estación
supliendo al locutor de turno.

> La recepcionista me preguntó si no me molestaba conversar con el
> locutor que estaba de turno. Nunca me dijo su nombre, pero yo le
> contesté que sí. No podía irme de allí sin una entrevista. Además,

me sentía fascinada, porque nunca antes había ido a la emisora que escuchaba desde niña. Por primera vez, caminé a lo largo de los pasillos de K-Love, mientras me conducían hacia el locutor. Finalmente, entré a la cabina que recuerdo muy oscura, absolutamente oscura. Y de repente, salió un muchacho greñudo... Tenía el pelo hasta los hombros. Su cara era muy blanca y su estilo medio rockero. Recuerdo la forma en que me saludó: «Hola, soy Omar Velasco; me dijeron que vienes para una entrevista».

Así, súbitamente y sin premeditación alguna, se dio nuestro primer encuentro cara a cara. Estábamos uno frente al otro, observándonos y tratando de lograr lo que cada cual quería en ese instante.

Yo era el locutor del fin de semana y no tenía que estar al aire ese día. No obstante, todos los locutores estrellas habían pedido el día libre, pensando solo en el concierto de la noche. Así que alguien tenía que quedarse al aire y ese resulté ser yo, porque además era el asistente del programador... De pronto, me avisaron que una chica venía a la cabina y me dijeron su nombre. Ya sabía quién era, pues la había visto dos o tres años atrás, cuando mi hermana me la mostró en la televisión y su nombre se quedó grabado en mi mente. Entonces, me hice el importante.

Simplemente estábamos interpretando nuestros papeles. Omar, haciéndose el importante, y Argelia muy franca, afirmando que realmente quería entrevistar a los locutores estrellas de la estación y no a él. Hasta le tomó el pelo diciéndole que lo iba a hacer famoso por un día al ponerlo en la pantalla de televisión.

Así, informalmente, comenzamos la grabación de la entrevista que versó sobre la historia de la emisora y salió al aire ese mismo día a las seis de la tarde. La conversación se desarrolló entre una Argelia asombrada por la tez blanca, el cabello largo y el aspecto rockero de Omar, y un Omar pensativo, que recordaba claramente la imagen de Argelia en aquella pantalla de televisión. Es cierto, no podemos afirmar que fue un amor a primera vista. Sin embargo, a partir de ese momento, ya nos podíamos reconocer. Y no es descabellado asegurar que nuestra historia de amor comenzó con un micrófono de por medio, desde tiempo atrás, y sin que nos diéramos cuenta.

Esa noche —cada uno por su lado— culminamos la jornada en el gran concierto de K-Love, en medio de una masiva concurrencia. Omar, encargado de la organización y subiendo al escenario para animar al público; y Argelia, radiante, transmitiendo en vivo sus entrevistas con los afamados artistas.

Luego seguimos nuestros caminos equidistantes, viviendo las relaciones sentimentales del momento. Argelia salía con un chico ajeno al medio televisivo: era muy formal, trabajaba en una empresa y usaba traje y corbata como a ella le gustaba. Desde que estudiaba en la universidad, decía que se iba a casar con alguien del mundo de los negocios, que fuera a trabajar todos los días con un traje de sastre y un maletín. Para ese entonces, Omar ni siquiera pensaba en el tipo de hombre que Argelia prefería. Su atuendo, bastante casual y sin elegancia alguna, le agradaba a su novia de turno, pero el nombre de Argelia Atilano ya había quedado plasmado en su subconsciente, ahora junto a su voz y su imagen.

Un año después de su afamado concierto, K-Love nos volvió a brindar otro repentino encuentro durante la inauguración del estudio de su nueva sede en Glendale. La estación escogió al cantante mexicano Juan Gabriel como padrino del estudio que llevaría su nombre, y esa mañana el aclamado cantante mexicano estaría presente en la estación.

Iba en el carro hacia mi trabajo cuando escuché que Juan Gabriel estaría en K-Love esa mañana. Entonces me dije: «¡Esta es la nota del día!». Al llegar al canal, se lo propuse a mis jefes. Me dieron la cámara y salí para K-Love. Llegué al estudio, que estaba repleto de camarógrafos, y pedí permiso para entrar a la cabina donde no cabía ni un alfiler. Fue ahí cuando vi a Omar otra vez. Se encontraba a un lado de Pepe Barreto, como monitoreando a la prensa. En cuanto él me vio, me abrió la puerta y me dejó entrar.

Ese día, la emisora se había convertido en una locura: gente que iba y venía por los pasillos; periodistas con sus cámaras y grabadoras, acechando las palabras de Juan Gabriel y captando cada minuto; Juan Gabriel con su correspondiente protocolo; y, como si fuera poco, un mariachi para animar la ocasión.

Yo era el asistente del programador y de alguna manera estaba supervisando que todo fluyera. No cualquiera podía entrar en el estudio... Vi a Argelia y le dije: «Oye, pasa». Y ella entró.

Sí. Una vez más nos habíamos encontrado por cuestiones de trabajo, sin tiempo para nada más. Apenas un saludo, en medio de la adrenalina de la ocasión, y luego cada cual a su labor.

Pasaron los días, quizás una semana o dos, y entonces se hizo el anuncio de un evento en Disneyland con la participación de todas las estaciones de radio. Era uno de esos sucesos de prensa que Argelia aprovechaba al máximo para hacer sus notas. No obstante, este en Disneyland resultó muy especial: ella conoció a Carlos Álvarez, el programador de K-Love por ese entonces, quien la invitó a realizar una audición como chica del tráfico para el espectáculo de la mañana, conducido por Pepe Barreto.

Transcurría el año 2001, poco tiempo después del ataque terrorista del 11 de septiembre. El noticiero desechaba las notas coloridas o del espectáculo para dar cabida a aquellas sobre terrorismo e inmigración. Argelia no se sentía muy cómoda en su posición y decidió asistir a la audición en K-Love.

Me acuerdo perfectamente de esa mañana de la audición, porque Carlos fue a mi escritorio y me dijo: «Omar, ve al *lobby* y haz pasar a la persona que está esperando. Cuando llegué al *lobby*, vi que la persona que estaba esperando era Argelia Atilano. La saludé y una vez más su nombre, su imagen, todo volvió a mi mente. Sin embargo, en ese momento yo no sabía que la estaban probando para contratarla. Todo se estaba manejando muy en secreto entre los jefes.

Apenas unos días después de la audición, nos convertimos en compañeros de labores: el 21 de octubre de 2001, Argelia comenzó a trabajar en el *show* matutino de K-Love, de 5:00 a.m. a 10:00 a.m. Curiosamente, en sus funciones como asistente del programador, Omar fue la persona que gestionó la asignación del email, la línea telefónica, la computadora, el escritorio y las tarjetas de presentación de quien sería la nueva chica del tráfico.

Realmente, en aquel período no coincidíamos en nuestros turnos en la radio; nunca nos veíamos y mucho menos hablábamos. Quizás nos cruzamos un par de veces en el pasillo. Y, para ese entonces, un rumor comenzó a correr en la estación: Omar Velasco se va a otra emisora.

Trabajaba como locutor al aire los sábados y en la programación durante la semana, pero yo solamente quería trabajar al aire. Por eso me entusiasmé cuando mi amigo Fernando Pérez —quien ahora es el programador de K-Love— me ofreció trabajo en una nueva estación que se llamaba Viva. Estaban buscando a un locutor para salir al aire todos los días de 3:00 p.m. a 7:00 p.m. Fui a la oficina de Carlos, mi jefe, para contarle sobre el ofrecimiento y decirle que me iba. Carlos reaccionó diciendo: «Tú no te vas a ningún lado. Espérate aquí». Y se fue a platicar con los jefes de más arriba. Como a la media hora, regresó y me dijo: «Bueno, ¿como para cuándo te piensas ir?»... Su intención era buena, pero por supuesto que el jefe grande ni siquiera sabía mi nombre. Me imagino que diría: «¿Quién es Omar Velasco? Que se marche, que le vaya bien; no le vamos a pagar lo que le están pagando allá». Argelia entró en octubre y yo me fui a principios de diciembre. Ella ni cuenta se dio.

Eran como travesuras de un pícaro destino que se negaba a darnos mayores señales de lo que vendría después. Otra vez andábamos por caminos separados, ajenos el uno al otro, buscando nuestro crecimiento profesional. Fue la época del inicio de dos experiencias laborales que llegaron sin buscarlas. Omar fogueándose frente al micrófono en un horario importante, pero en una estación de radio que afrontaba muchos retos económicos. Y Argelia enfrentándose a un medio que no conocía, e intentando que le cumplieran el ofrecimiento de hacer comentarios al aire y ser la voz de la mujer en el *show* de la mañana.

Al final del día, me convertí fundamentalmente en la chica del tráfico. Se me presentaron muchos conflictos y en verdad no sabía si estaba haciendo lo correcto, ya que al aceptar la radio me enfrenté con un par de problemas en Telemundo, pues tenía un contrato firmado con el canal. Mis jefes me dijeron: «Está bien, puedes irte a trabajar en la radio, siempre y cuando cumplas acá». Así que durante un año estuve en los dos lugares: iba a trabajar a K-Love y cuando salía, corría a Telemundo.

Llegó el momento en que Argelia estaba decidida a terminar esa situación y dedicarse solo a la radio. De la noche a la mañana, un imprevisto le facilitó la transición: la cadena Univisión adquirió a K-Love, y Argelia automáticamente pasó a ser empleada de Univisión. Así que se presentó un conflicto de competencia con Telemundo y la dejaron ir, después de un par de disputas legales. Mientras tanto, Omar estaba a punto de completar su primer año en la estación Viva. Nunca imaginó que, a comienzos del año

2003, la empresa le comunicaría a todo el personal que pocos días después cerraría sus puertas.

> Nos dieron la oportunidad de prepararnos mentalmente y de despedirnos al aire. Como detalle curioso, yo había empezado a trabajar el 14 de enero de 2002, y Viva cerró el 14 de enero de 2003. Literalmente, estuve un año en esa estación.

Entonces se dieron otros virajes en nuestras profesiones. Ya siendo empleada de Univisión, a Argelia le surgió la oportunidad de entrar al programa de televisión *Primer Impacto* como corresponsal de cine, mientras continuaba con el *show* de la radio. Y después de los anuncios de bancarrota en Viva, Omar volvió a tocar las puertas de K-Love.

> María Nava, la nueva programadora de la estación, me dijo: «Lo único que te puedo ofrecer, una vez más, son los sábados de 10:00 a.m. a 3:00 p.m., ganando quince dólares la hora». Para mí era un retroceso con respecto a lo que hacía y ganaba en Viva. Sin embargo, no tenía mayores compromisos además de el de ayudar a mis padres, así que lo acepté. Prácticamente, estuve sin trabajo solo unos días. Regresé a K-Love después de un año, y era como si nunca me hubiera ido. Todo el mundo me conocía, y mucha gente ni siquiera se dio cuenta de mi salida. Me decían: «¿Andabas de vacaciones o qué?». Regresé, como si no hubiese pasado nada, a mi posición de los sábados en la tarde, y durante la semana era el asistente de programación.

Nada nos hacía pensar que en el año 2003 se iba a desencadenar un torbellino de hechos que nos unirían. Es cierto que, desde enero, volvimos a ser compañeros de labores en la misma empresa, pero nuestras actividades continuaban con rumbos diferentes. Y además, la realidad solo nos juntaba en situaciones muy particulares y hasta jocosas, como sucedió en febrero de ese año durante la celebración del día de San Valentín.

Para esa fecha se programó una boda colectiva de decenas de parejas, producida y transmitida en vivo por K-Love, tal como se venía haciendo desde varios años atrás en el *show* de la mañana. Esta vez, la boda masiva se realizó en Las Vegas y, como era de esperarse, Argelia participó en la transmisión al lado del locutor Pepe Barreto, que era el padrino del evento.

Omar también viajó a Las Vegas con la responsabilidad de asistir a los locutores y cuidar la logística y los detalles técnicos, a fin de asegurar la salida al aire sin inconvenientes. Eso era parte de sus funciones en el departamento de programación. Sin embargo, en esta ocasión tuvo una misión extra.

A alguien del departamento se le ocurrió una maravillosa idea: «Como el símbolo de la radio es un corazón, vamos a crear una mascota enorme que tenga forma de corazón. Haremos que alguien se disfrace como la mascota, y le llamaremos Corazoncito». La presentación de este personaje se haría, precisamente, en la transmisión de la boda en Las Vegas. No obstante, nadie en el departamento de promociones se quiso disfrazar. Todo el mundo estaba muy ocupado. ¿Quién se vestiría de Corazoncito? Pues, nadie. Hasta que dije: «Yo me vestiré de Corazoncito». Y yo, Omar Velasco, fui el primer Corazoncito en la historia de K-Love. Así fue como, en la gran boda de ese año, salí en todas las fotos junto a Argelia y Pepe... ¡pero disfrazado de Corazoncito! Y Argelia se reía mucho de mí, porque decía que yo tenía unas piernas muy blancas y flacas.

Graciosamente, podemos afirmar que fue el primer día de los enamorados que pasamos juntos. Argelia, bellísima, como una de las protagonistas del día, y Omar metido dentro de aquel enorme disfraz diseñado para la ocasión. Cupido ya se estaba alistando a fin de seguirnos de cerca con su poderosa arma.

Pasaron los meses sin novedades para ambos, hasta que llegó el verano. En aquel junio de 2003, Pepe Barreto solicitó una semana de vacaciones en el *show* matutino, como era su costumbre todos los años. El locutor de la tarde lo debía sustituir, pero este se disculpó, ya que no quería asumir el horario de un *show* que comienza a las 5:00 a.m. Así que, de pronto, Omar se convirtió en la única opción a mano para suplir al locutor estrella de la estación y conducir el programa junto a Argelia durante esa semana. Nosotros apenas nos conocíamos; solo nos veíamos en algunas reuniones, pero sin mayores roces. No teníamos la confianza que se necesita para llevar adelante un buen *show* radial. Sin embargo, no había otra alternativa.

La jefa me dijo: «Omar, trata de hacer lo mejor; pon mucha música y conversa con Argelia». En esa época, mi estilo de locución era muy acelerado, y decidí mantener esa energía en el *show*. Realmente, no sé qué pasó durante la semana en la que reemplacé a Pepe Barreto, pero los jefes notaron algo, notaron una química, una energía diferente. Y, evidentemente, los radioescuchas también percibieron esto.

Pepe Barreto tenía dieciocho años en K-Love. Se había convertido en una leyenda de la radio y la gente entendía su grandeza, porque hasta había logrado su estrella en el Paseo de la Fama en Hollywood. Todo el mundo lo admiraba. Sin embargo, ya se estaba cumpliendo un ciclo, y parecía que el público demandaba un cambio sin pedirlo. Nosotros no teníamos ninguna expectativa durante esa semana de suplencia, solo sabíamos que íbamos a pasarla bien de 5:00 a.m. a 10:00 a.m. Nos poníamos de acuerdo en lo que conversaríamos al aire y, por otro lado, empleamos buena música. Así nos mantuvimos, con el ánimo en alto para entretener a los oyentes.

Me gustó mucho cómo fluyó el *show* esa semana. Omar era más jovial y venía con mucha energía, algo muy distinto a lo que estaba acostumbrada a hacer con Pepe. Con él, me veía limitada a hablar sobre el reporte del tráfico, y ocasionalmente daba algunas notitas de espectáculos en la última hora. Sin embargo, nunca formaba parte de un tema o una entrevista, ya que Pepe era la estrella del *show*. Cuando Omar llegó para cubrirlo en esas vacaciones, me prendió el micrófono y pude sentir que el *show* era entre Omar y Argelia. Él me hacía partícipe de todo lo que presentaba. Para mí fue algo muy nuevo, e incluso creo que hasta notó que yo me sentía temerosa de hablar. Y es que por fin estaba experimentando lo que era ser locutora: hablar sin tener un guion. Para mi sorpresa, muchas personas dentro de la empresa empezaron a decir: «¡Qué bien se escuchan los dos!». No obstante, yo sabía que eso no iba a durar más de una semana, porque Omar iba a regresar a su puesto de siempre y Pepe iba a volver al *show*.

Esa experiencia de ambos frente al micrófono coincidió con el cumpleaños de Omar, quien aquel 24 de junio arribó a los treinta con algo de depresión. Argelia lo notó cabizbajo, y Omar le contó que ese día cumplía años y no se sentía muy animado por su nueva edad. Para levantarle el ánimo, Argelia tomó la iniciativa de invitarlo a almorzar después del *show*. De esa manera tuvo lugar el primer encuentro entre Omar y Argelia fuera de la radio, el cual transcurrió sin el más mínimo indicio de enamoramiento.

En ese almuerzo hablamos de nuestros padres y nos pareció curioso que —salvo el señor Atilano, quien nació en Phoenix— ellos fueran oriundos de Jalisco. También coincidimos en la devoción a la Virgen de Guadalupe, y Argelia contó algunos detalles sobre los esfuerzos de su madre para llevar adelante sola a sus cuatro hijas. Fue un diálogo agradable, que seguramente permitió aumentar la conexión que transmitimos al aire durante esa semana.

Tal como estaba programado, Pepe Barreto regresó de vacaciones y cada uno volvió a su rol anterior. Sin embargo, algo había cambiado y, al ser un veterano de la radio, Pepe muy pronto se percató de los nuevos vientos que comenzaban a soplar en la estación. Entonces decidió pedir un tiempo libre para atender asuntos personales, y de un día para otro se fue de permiso indefinido.

En la tarde del 9 de julio, mi jefa me llamó para decirme: «Mañana regresas al aire, vas a reemplazar a Pepe por un tiempo indefinido, no sabemos si es por una semana, un mes o más». Yo le pregunté sorprendido: «¿Cómo es eso, si se acaba de ir de vacaciones?». Ella me pidió que no hiciera preguntas. «Lo único que te digo es: brilla. Es lo único que te puedo decir. Cada segundo que estés al aire, brilla. Vas a trabajar con Argelia, y traten de hacer lo mismo que hicieron en la semana de vacaciones». Esas fueron sus indicaciones. Y, bueno, no necesitaban decírmelo dos veces. Esa era mi gran oportunidad. A mí no me importó que fuera el *show* de las mañanas, en la estación hispana más importante de Estados Unidos, reemplazando a Pepe Barreto, cuya silla era del tamaño del mundo... a mí no me importó absolutamente nada. Yo lo único que dije fue: «Esta es mi oportunidad».

Estábamos a punto de comenzar nuestra singular historia, sin saberlo aún. Tan pronto como Omar recibió las instrucciones de su jefa, llamó a Argelia para conversar sobre el programa del día siguiente, y le recalcó: «Tenemos que brillar». Aquella fue una noche de insomnio para Omar, porque así como sabía que era su gran oportunidad, también sentía mucho temor de quedar mal ante la estación y la audiencia. Y solo pensaba en el mandato de su jefa: «¡Brilla!». Fue de este modo que el 10 de julio de 2003, a las 5 a.m., se dio inicio extraoficialmente a la singular aventura del *show* de Omar y Argelia.

Para mí era como si fuera un tiempo para divertirnos, así como cuando se va el jefe del trabajo y todo el mundo hace fiesta. De esa forma me sentía yo: «No va a estar Pepe por un par de días, y yo voy a divertirme al aire con Omar». Y el tiempo se alargó de un par de días a una semana, luego la semana se convirtió en dos semanas, hasta que de repente nos anunciaron que ya Pepe no regresaba, pero que iban a buscar un nuevo talento para cubrir su puesto. No estaban considerando a Omar para dejarlo fijo. Simplemente, él estaría ahí hasta que terminaran las audiciones y escogieran al locutor del nuevo *show*.

Ciertamente, la programadora de la estación siempre fue clara con nosotros. Nos decía que esa situación en el *show* matutino era temporal, aunque siempre nos repetía que aprovecháramos el momento para brillar. Ella también se la jugó al momento de convencer a la gerencia general de K-Love de suplir a Pepe Barreto con un locutor desconocido durante un tiempo indefinido. «¿A quién vas a poner en el *show* más importante, el *show* que genera dinero y niveles de audiencia?», era la pregunta obligatoria. Cuando mencionó el nombre de Omar Velasco, la respuesta no se hizo esperar: «¿Estás segura? Nadie lo conoce. ¡El programa se va a ir a cero!».

Resultaba obvio que si el programa de la mañana se iba a cero, la estación también. Incluso más, K-Love es la estación más importante de la cadena y la que prácticamente mantiene a las demás emisoras. La gerencia general tenía suficientes motivos para estar alarmada, ya que además el *show* había sufrido un bajón en el índice de audiencia durante los meses anteriores, aun con Pepe Barreto como conductor. Tanto es así que Argelia, en sus inicios, dudó en cuanto a si ella era el motivo de ese descenso en los números.

La empresa continuaba en la búsqueda de un nombre grande para reemplazar a la estrella que se había ido, y nosotros seguíamos empeñados en brillar. Mientras más le decían a Omar que su posición era pasajera, mayor era el esfuerzo y la creatividad que él ponía en su trabajo, así como la energía que le transmitía al resto del equipo. Muy pronto vimos los frutos: surgió la magia de un nuevo *show*, y en cuestión de semanas el índice de audiencia se duplicó.

> No contaban con mi astucia. Yo era un chico con mucha hambre y ya había vivido ese momento en mi cabeza. Siempre pensé que me quedaría. Por eso era importante la colaboración de Argelia, y me interesaba mucho que ella brillara también. Sabía que no lo podía lograr solo; necesitaba su apoyo, más que el del productor y el encargado de noticias. A ellos dos ya los conocía. Inclusive, Richard Santiago, el de las noticias, fue quien me dio mi primer trabajo en la radio en 1996. Así que la colaboración de Argelia resultaba clave. El caballo era muy grande para mí solo. Claro que estaba consciente de que la gerencia, tarde o temprano, iba a tomar sus decisiones. Yo no podía controlar eso. No obstante, lo que sí podía controlar era lo que ocurría al aire entre 5:00 a.m. y 10:00 a.m. Recuerdo claramente que estábamos en un festival de independencia, presentando a unos artistas, cuando nos enteramos de que el índice de audiencia del programa habían subido de dos a cuatro puntos en un mes. Nadie podía creer que un par de jovencitos hubiera duplicado el nivel de audiencia de un *show* que, hasta unas semanas atrás, estaba bajo la conducción de una personalidad muy importante, la cual por muchos años fue la imagen de K-Love. Cuando me enteré del aumento en el número de radioescuchas, inmediatamente me dije: «Creo que ellos mismos, poco a poco, se van a dar cuenta de que no tienen que buscar a nadie más».

Pensamos que la magia que logró cautivar al público en aquel período de transición tuvo mucho que ver con la disciplina y la entrega que todos demostramos en el *show*. Todos cooperábamos, aportábamos y hablábamos. Era una dinámica muy nueva y fresca, tanto para K-Love como para los radioescuchas. Omar impuso una locución muy activa y jovial, abriéndole el micrófono no solo a Argelia, sino también a Richard Santiago, y dándole mayor espacio a la audiencia.

Omar fue el primero en darme lecciones de locución, porque yo jamás había tomado ningún curso. Y también me preparó para ser disciplinada. Me hablaba todas las tardes, entre 6:00 p.m. y 7:00 p.m. Me preguntaba si tenía todo listo para el día siguiente y, sobre todo, me pedía que me acostara temprano. Él explicaba: «Tienes que dormir, tienes que descansar, porque para brillar en este turno tenemos que estar descansados». A veces yo lo llamaba a las 8:30 p.m. y no me contestaba, pues ya estaba bien dormido. Entonces, me decía a mí misma: «¡Este muchacho viene fuerte, él habla en serio!». Sentí la presión del nuevo equipo que Omar estaba formando y me dije: «Quiero ser parte de esto». En la era de Pepe Barreto, estuve a punto de tirar la toalla. Me había desilusionado mucho de mi puesto en la radio, ya que me sentía literalmente a un lado. Muchas veces llegaba llorando a la oficina de María Nava y me desahogaba con ella: «Pepe me apagó el micrófono»; o «vino Ricardo Arjona y le quise hacer una pregunta y Pepe me sacó de la cabina»; o «Pepe llegó y no me saludó». Había días en que, simplemente, me sentía muy poca cosa, como si no existiera. Y me decía: «¿Qué estoy haciendo? ¿Cambié mi carrera en televisión, que iba creciendo, por esto?». Ya le había dicho a María Nava que en octubre, cuando terminara mi segundo año de contrato, me iba a trabajar a Univisión, en Miami, donde tenía «cocinando» algunos proyectos. Sin embargo, llegó Omar, me movió el piso y todo cambió. Me sentía muy a gusto. Llegaba al trabajo sabiendo que iba a aportar más al programa, que iba a expresarme más. Omar insistía: «Tienes que decir lo que sientes, lo que quieres expresar. Es el momento de que la audiencia conozca a Argelia Atilano, y no solo a la reportera de tráfico que fuiste por dos años». Él, poco a poco, me dio la confianza. También me corregía fuera del aire: «Así no se dice, se dice así. La próxima vez dilo de un modo más corto, sé breve, no te extiendas». Así que se convirtió en mi maestro, en mi mentor. Y en ese período de brillar y dar lo mejor de nosotros, llegué a conocerlo más a fondo y me cayó muy bien. Todavía no había chispitas de amor, pero me cayó muy bien.

El miedo nos hizo compañía durante todo ese período de prueba, y su fuerza era tan poderosa que quizás silenciaba la atracción que comenzaba a fluir entre los dos. Había un enorme temor al cambio, a las responsabilidades que estábamos enfrentando con solo nuestra intuición creativa y nuestro profesionalismo. Al punto que llegó un momento en que Omar se desalentó y pensó que íbamos a fracasar.

Yo tenía un problema con Argelia, y es que ella sentía mucho miedo de enfrentarse al micrófono, era muy novata al aire. Sin embargo, cuando terminaba el *show*, nos íbamos a una oficinita a conversar y ella se abría conmigo, contándome sobre su mundo. Fue cuando empecé a conocer más su historia, todo lo que sufrió en su infancia y adolescencia junto a sus hermanas y su mamá. Y a medida que iba conociendo su historia, creo que comencé a enamorarme de ella sin saberlo. Aun así, cuando estábamos al aire era otra cosa. Yo sentía que había química, que había mucha energía, porque los dos éramos prácticamente de la misma edad, ella vivió un tiempo en Jalisco y yo soy de ese lugar, y nuestras raíces y los principios coincidían: ambos éramos católicos, guadalupanos y mexicanos. Había mucha conexión. No obstante, por alguna razón, cuando estábamos al aire el *show* no funcionaba como yo quería por su miedo al micrófono. Hasta que un día la invité a comer y le manifesté: «¿Sabes qué? Esto no está funcionando. Apóyate en mí. Lo único que tienes que hacer es enfocarte en la idea y hablar directamente como si le estuvieras hablando a una amiga o a tu mamá. Tienes una gran historia y creo que la debes contar. Poco a poco vas a ir relatando tu historia al aire, pero sin miedo al micrófono». Argelia es una mujer verdaderamente inteligente, y supo entender el proceso y fluir a través del mismo.

Ya estábamos en el último trimestre de un año 2003 lleno de sorpresas y sucesos vertiginosos. El *show* se iba afinando cada vez más, y el número de oyentes crecía a solo tres meses de la nueva dinámica, tal como lo certificaban los índices de audiencia. Era el momento de recorrer la milla extra y lograr el objetivo de quedarnos para siempre. Omar convocó a Argelia y al productor a una improvisada reunión en la que todos nos comprometimos a considerar al *show* como si fuese nuestro propio bebé y a enfocarnos en un trabajo de calidad más allá del cien por ciento. En ese momento, los tres hicimos un pacto: si ganamos el contrato y nos quedamos fijos en el *show*, nos vamos a México el 12 de diciembre a darle las gracias a la Virgen de Guadalupe.

Y la virgencita nos hizo el milagro: pocos días antes del 12 de diciembre, la estación nos confirmó que, oficialmente, el *show* comenzaría a llamarse Omar y Argelia.

Así que hicimos con rapidez las reservaciones para viajar a México, desbordantes de dicha y muy agradecidos con María Nava, quien supo defender con vehemencia nuestro talento y esfuerzo ante la administración de la empresa. Claro está que los números de radioescuchas fueron sus mejores aliados, de modo que logramos el contrato.

Tal como lo planificamos, el 12 de diciembre íbamos los tres rumbo hacia la Basílica de Guadalupe a cumplir la promesa hecha aquella tarde de reunión. La buena fortuna rodeó el encuentro con la virgencita para hacerlo aún más especial.

Habíamos solicitado una entrevista con la cantante mexicana Ana Bárbara, que tenía programado ir a la basílica a cantar «Las Mañanitas». Su disquera coordinó la entrevista y Ana Bárbara aceptó que entráramos como parte de su equipo, por la parte de atrás del templo, a fin de sortear a los millones de personas agolpadas en el lugar. Y allí estábamos, sentados en las primeras bancas, contemplando bien de cerca la imagen de nuestra protectora y dándole las gracias desde nuestros corazones.

Fue uno de los momentos más mágicos de mi vida. Siempre había presenciado el acontecimiento por televisión y lo había festejado desde niña, pero ese día, mientras permanecía allí, me desmoroné. Sentí una energía increíble. Además, estaba muy agradecida con Ana Bárbara, porque ella nos facilitó vivir la ocasión de esa manera. Claro que igualmente íbamos a estar en el lugar, pero afuera. El hecho de haber vivido esa experiencia y agradecerle a la Virgen por las razones que nos llevaron hasta allá fue algo mágico. Yo le rezaba mucho, y en eso había una coincidencia con Omar. Mi familia es muy apegada a la iglesia católica. Y desde el primer momento en que conocí a Omar, me di cuenta de que él siempre llevaba una cadena con la medallita de la Virgen de Guadalupe. Es su cadena de bautizo. La religión y la adoración a Guadalupe nos acercaron aún más.

Omar y Argelia. Nuestros nombres comenzaron a sonar en la radio y a fundirse en uno solo, como la identificación del *show* matutino de K-Love. Era el inicio de un camino cuyo destino desconocíamos. Solo sabíamos que de 5:00 a.m. a 10:00 a.m. debíamos cautivar al radioescucha, y que mientras más enfoque y dedicación manifestáramos, mejores resultados obtendríamos. La vida, como siempre, se encargaría de mostrarnos el final de ese trayecto, cuyos orígenes están marcados por asombrosas señales.

Transcurría 1994 y yo tendría veintiún años. Iba manejando hacia mi casa en Pacoima, con la radio encendida. Me había graduado de preparatoria tres años atrás y ya estaba trabajando, pero me sentía desorientado en cuanto a la profesión que quería seguir. De pronto, escuché un comercial en K-Love, con la voz de Pepe Barreto. El mensaje era más o menos así: «¿Quieres ser locutor de radio? Esta es tu gran oportunidad. Yo, Pepe Barreto, te recomiendo que vayas a la escuela American Communications Institute [Instituto de Comunicaciones de América], en Hollywood. Si quieres tener el trabajo que tengo, yo, Pepe Barreto, te recomiendo que llames ahora mismo. Este es tu futuro». ¡Dios mío! Me estaba hablando a mí, a Omar Velasco, al jovencito de veintiún años confundido

que estudiaba computación, pero que sentía que esa no era su voca-
ción. Llegué a mi casa y llamé al instituto. Me dieron una cita, me
hicieron un examen de aptitud, y al sábado siguiente comencé a
estudiar locución todos los fines de semana durante un año. Pepe
Barreto me lo había dicho: ve a esa escuela y vas a hacer lo que yo
estoy haciendo ahora.

Poco menos de una década después, ahí estaba Omar, al frente
del *show* matutino más escuchado de la radio hispana. El engrana-
je del equipo se hacía cada vez más sólido, mientras que Cupido
nos lanzaba sutiles dardos que aún podíamos esquivar. Al menos,
Argelia creyó esquivarlos cuando comenzó a salir con aquel
muchacho que conoció precisamente en el evento donde nos enteramos del triunfo en los índices de audiencia. Era un cliente de la
radio que quedó cautivado con ella y no tardó en enviarle un enorme paquete a la estación.

Recuerdo que fui muy contenta a la cabina y les dije: «Miren, chicos, lo que me llegó». Yo no sabía quién lo enviaba. Y fue Omar el
que abrió la caja y sacó lo que contenía: pastas de dientes, desodo-
rantes, jabones. Omar empezó a bromear, a agarrar las cosas y
repartirlas. En el fondo de la caja había una carta de este muchacho
diciendo que le gustaría conocerme más. Yo comenté: «¡Qué lindo!
Me mandó una caja de productos de la empresa donde trabaja».
Entonces Omar le puso al chico el sobrenombre de Colgate. Sin
embargo, yo comencé a hacerle caso al muchacho. Me cité con él y
luego lo empecé a llevar a los conciertos. A Omar como que no le
gustaba, pues se burlaba mucho de él: «Ay, tú y tu Colgate», y decía
cualquier barbaridad. Yo pensaba: *Omar me está cuidando como si
fuera una hermana.* Cuando iba a los conciertos con el muchacho,
Omar se me acercaba al oído y me decía: «¿Y qué haces tú con él? Te
ves mejor conmigo». Esos eran sus juegos, porque Omar era además
el hombre más coqueto de la empresa. Saludaba a las chicas con un

beso en los labios; se mostraba demasiado cariñoso. Una vez, en el elevador, me robó un beso. ¡Y yo casi me voy a recursos humanos a reportar que mi compañero me había robado un beso! Pensaba: *¿Qué onda con este hombre? Es un coquetón, ya me agarró confianza y está pensando que soy igual que las demás.* Finalmente, no lo tomé muy en serio.

Ya Cupido ejercitaba mejor su pulso entre la aparente indiferencia de Argelia y las bromas de Omar. Era como si, en nuestro interior, nos negásemos a contemplar la posibilidad de una relación de amor.

Dentro de todos mis juegos, a lo mejor yo sentía algún tipo de celos, pero en ese tiempo no me daba cuenta de ello o no lo quería aceptar. O quizás suponía que Argelia y yo nunca estaríamos juntos. Además, ella hacía una bonita pareja con Colgate. Un tipo alto, elegante, galán, que usaba trajes como a Argelia le gustaba. Ahora me río cuando pienso que trabajé mucho en esa época: tuve que coordinar el *show*, establecer la disciplina y el enfoque, enderezar el barco... y luego espantarle los novios a Argelia y enamorarla. Fue mucho trabajo. ¡Con razón ahora estoy agotado!

Nos manteníamos firmes en el camino de afianzar nuestro éxito en K-Love, y eso era lo más importante para ambos. Con la aceptación del público y el empujoncito que nos dio la Virgen de Guadalupe, nada ni nadie nos haría desviarnos del objetivo. Sin embargo, no pasó mucho tiempo antes de que Argelia comenzara a sentir que Omar la miraba de una manera diferente y hasta se atrevía a manifestar sutiles gestos que la asombraban con agrado.

Un día entrevistamos en la radio al cantante puertorriqueño Obie Bermúdez, y después del *show* Omar le pidió que me cantara una serenata en la oficina. En otro momento, me enfermé y cuando regresé a la oficina, tenía un arreglo de flores con una tarjetita de Omar, donde escribió: «Espero que esto sea medicina para el alma». Empezó a hacer cositas así, y yo pensaba: *Me están gustando estos detallitos.* Siempre lo admiré mientras estaba al aire, porque era un hombre que sabía lo que hacía, muy astuto y ágil. Sin embargo, ahora, me estaba dando cuenta de que me gustaba.

Cuando ambos recordamos nuestra historia de amor, hay un personaje que cobra una inusitada relevancia: el cantante mexicano Luis Miguel. A fines de ese agitado año 2003, el renombrado artista organizó el lanzamiento de su disco titulado «33» con algunas entrevistas en un selecto hotel de Cancún, aceptando solo recibir a tres emisoras de radio: una de Argentina y dos de Los Ángeles, entre las cuales estaba K-Love.

Nosotros nos encontrábamos presentando al grupo La Ley en un concierto privado cuando Omar recibió la llamada de la jefa para informarle que esa misma noche debía salir hacia Cancún y realizar la entrevista con Luis Miguel al día siguiente.

Hablamos brevemente sobre el *show* —que quedaba a partir de ese momento en manos de Argelia— y nos despedimos. Omar pasó por su casa, empacó un cambio de ropa y salió rápidamente hacia el aeropuerto directo a Cancún, a donde arribó bien temprano a la mañana siguiente. El encuentro con Luis Miguel estaba pautado para las 3:00 p.m. en el lujoso Hotel Ritz, donde Omar también tenía reservada una habitación. De inmediato, comenzó a preparar las preguntas y a escuchar una y otra vez el disco que le acababan de entregar.

Las instrucciones del equipo de Luis Miguel eran muy claras. Al menos cinco veces antes de llegar al cantante, Omar escuchó el mismo estribillo por parte de distintas personas: el encuentro duraría solo diez minutos, pero en cualquier momento el artista podría cortar la conversación. Además, no se permitían preguntas personales, tampoco fotografías o autógrafos.

Reunirme con Luis Miguel fue algo fascinante. Esta es una experiencia que conservo en mi mente, porque además él ha sido mi ídolo toda la vida. Puedo decir que es el único cantante a quien considero mi ídolo. La verdad es que yo estaba muy nervioso y acelerado, sin contar con que nunca antes había estado en Cancún. Así que decidí irme a la playa privada del Ritz a meter los pies en el agua durante el rato libre que tenía. Admirando el lugar, me levanté un poco el pantalón, caminé por la arena y entré al agua. Sin embargo, no pude evitar que las olas me mojaran la mitad del pantalón. ¡Dios mío! ¡En dos horas debía estar frente al personaje y no tenía más ropa para cambiarme! Me fui rápidamente al cuarto a secar el pantalón con la plancha y estuve enfrascado en eso un buen rato. Sin embargo, fui muy puntual en cuanto a la hora en que me pidieron presentarme en el *lobby* del hotel.

Una vez en el *lobby*, tal como estaba previsto, condujeron a Omar a un elevador privado que abría en el piso reservado completamente para Luis Miguel. Y luego lo llevaron hacia un pequeño espacio donde debía aguardar su turno. Como el cantante ya había concedido las entrevistas para la televisión, en el cuarto de espera solo se encontraban los tres locutores de las radios invitadas: un argentino que no disimulaba su emoción, el locutor de la competencia en Los Ángeles, y Omar en representación de K-Love. Ellos intercambiaron algunas anécdotas del viaje hasta que Omar fue llamado a pasar primero.

Entré y lo conocí, mientras muy amable me mostraba una gran sonrisa y me daba la mano. Me acuerdo de sus dientes muy blancos y la piel tostada. Impecable. Con una fragancia exquisita, en un cuarto medio oscuro, con sillones y velas. Impresionante. Me preguntó por nuestro amigo y compañero Carlos Álvarez, que en ese entonces era el locutor de la tarde. Le expliqué que yo era el nuevo locutor de la mañana, porque Pepe Barreto ya no estaba Y entonces él comenzó a hablar conmigo. Me preguntó cómo y cuándo había llegado a Cancún, y cómo me habían tratado. ¡Yo solamente tenía diez minutos y él estaba haciéndome preguntas a mí! Increíble. Finalmente, realicé la entrevista, la cual estuvo muy padre, ya que en total conversamos durante doce minutos. Él nunca detuvo la conversación, pero en un momento dado su *manager* vino y me dijo: «Ya llevamos doce minutos». Entonces, como tenía el CD de promoción que me habían dado, me dije rápidamente: «No puedo pedir autógrafos, pero ni modo. ¿En qué otro momento voy a volver a tener a mi ídolo frente a mí?». Así que le pedí el autógrafo y él amablemente me lo concedió.

Sin saberlo, Luis Miguel se había convertido en la personificación de nuestro Cupido. Nos habíamos separado repentinamente para la realización de su entrevista, y de pronto la distancia entre Cancún y Los Ángeles se hizo demasiado grande. Nuestros pensamientos, los de Omar y Argelia, se enlazaron con firmeza durante esa corta separación. Omar mantuvo a Argelia en su mente constantemente a pesar de la presión y el nerviosismo por la entrevista. Y Argelia no podía dejar de pensar en Omar, extrañándolo aun después de la hora del *show*. Y es que ya éramos Omar y Argelia.

Cupido trabajaba aceleradamente. Hasta el punto de que, antes de tomar el avión de regreso a Los Ángeles, Omar compró una tarjeta telefónica, entró en una caseta y llamó a Argelia.

Ese día yo me encontraba en el salón de belleza. René, mi estilista de toda la vida, me estaba justamente secando el pelo con la secadora cuando Omar me llamó. El ruido del secador me impidió escuchar la llamada. Cuando René terminó, vi que tenía una llamada perdida y un mensaje. Cuando lo escuché, exclamé en voz alta: «¡Oh my God! [¡Dios mío!]». Le agarré la mano a René y le pedí que él también escuchara el mensaje. Su reacción fue muy chistosa, pues riéndose me dijo: «¡Me gusta para mí! ¡Me gusta para mí!». Yo solté una

carcajada y le pregunté: «¿Crees que es lo que estoy pensando?».
me respondió: «Pues sí, Omar te quiere». Es que no se trataba solo
del mensaje, sino de su tono de voz. No me estaba hablando como el
colega ni como un amigo. Era un Omar con una voz seductora,
melodiosa, así como de conquista. Me decía que le había ido muy
bien en la entrevista con Luis Miguel, que estaba cansado porque
todo fue demasiado rápido, y que le habría gustado que yo hubiese
vivido la experiencia con él. «Y viendo el mar aquí, me doy cuenta
de que te extraño». Yo me derretí. Sentí mariposas en el estómago.
Y a la vez me decía: «Esto no puede suceder. ¡Trabajamos juntos!».

Era fin de semana y Omar estaba contra el reloj. Necesitaba
editar la entrevista con Luis Miguel para sacarla al aire en exclusiva. Así que del aeropuerto se fue directo a K-Love y durante dos
días consecutivos no durmió realizando el especial de una hora,
con fragmentos de la conversación sostenida y las canciones del
nuevo disco. Su meta era sacarla al aire antes de que lo hiciera la
otra radio en Los Ángeles y, además, lograr una calidad superior.
Sin embargo, se sentía muy confiado con el resultado final.

Resulta que el día de la entrevista el colega de la competencia se
congeló ante Luis Miguel. Como nos conocíamos de mucho tiempo,
cuando salió de la entrevista le pregunte cómo le había ido. Él, muy
pálido y nervioso, me dijo: «¿Puedes creer, buey? ¡No supe qué pre-
guntarle! Creo que le dije feliz cumpleaños». Me extrañó que lo feli-
citara, así que le pregunté: «¿Y por qué le dijiste feliz cumpleaños?».
Entonces él contestó: «Es que el disco se llama "33"». Le expliqué
que ese era el nombre del disco, pero que Luis Miguel no estaba
celebrando su cumpleaños. De modo que me sentí muy calmado,
pues sabía lo que yo tenía en mis manos.

El lunes, cuando nos volvimos a ver en la radio, no hubo ninguna alusión a la llamada telefónica desde Cancún, más bien

todo parecía continuar como siempre. Se hacía muy difícil entender lo que nos estaba pasando, porque la prioridad era el *show*. Experimentábamos mucha presión, pues a pesar de que ya nos habían dado el voto de confianza, teníamos que seguir probándonos ante la empresa y la audiencia. Empezamos a vivir muchas cosas al mismo tiempo mientras nos manteníamos creciendo juntos de manera profesional. Y no nos caía el veinte, como decimos en México; no creíamos todas esas cosas maravillosas que estábamos viviendo en el *show*. A lo mejor sí estaba creciendo el amor entre nosotros, pero no lo entendíamos, no lo identificábamos.

La verdad es que yo estaba emocionada de verlo de nuevo a su regreso de Cancún, pero también me decía: «Ay, Dios mío, ¿y ahora qué hago?». Evidentemente, había una atracción, nos gustábamos, nos caíamos bien. Ya empezábamos a ir a comer juntos a la hora del almuerzo. Y recuerdo que muchas veces yo tenía que pagar, porque él no tenía dinero. Luego supe que comenzó el *show* en una situación económica difícil, con cero dólares en la cuenta de banco. Sin embargo, en aquel momento eso me confundía. Yo me decía: «Él es un caballero, así que no va a dejar que una dama pague». De modo que cuando aceptaba sin titubear mi invitación, pensaba: *Es un amigo, casi un hermano; si estuviera en plan de conquista no me permitiría pagar su almuerzo*. Estaba recibiendo mensajes mixtos, porque en el trabajo coqueteaba, me robaba besos, me hablaba de Cancún... y luego aceptaba que yo pagara, besaba a la recepcionista y cosas así. Por eso, pensaba que estaba jugando conmigo y me repetía: «Argelia, tú a lo que vienes: a trabajar y más nada». Además, yo me había prometido que jamás iba a salir con alguien del trabajo. Habiendo tantas opciones, ¿por qué iba a salir con un colega?

Sin embargo, la cercanía se fue dando solita. Creció y creció hasta que no pudimos reprimirla más. Y era interesante ver cómo el horario de rutina que compartíamos nos alejaba de la posibilidad de mantener seriamente otras relaciones. Argelia continuó saliendo de vez en cuando con su elegante pretendiente hasta que entendieron que no podían llevar una vida social normal, ya que el *show* de Omar y Argelia les imponía encuentros entre las 12:00 p.m. y las 5:00 p.m.

Omar vivió la misma situación en su relación con aquella chica que él mismo apodó como «Lupita Jones» por su gran parecido con la Miss Universo mexicana. La chica no entendía por qué Omar a las 8:00 p.m. ya estaba en su cama durmiendo. Para ella, ese era un signo del desamor de Omar, quien ante su intolerancia decidió terminar la relación.

Fue así como se comenzó a evidenciar algo más que teníamos en común: nuestros horarios sí coincidían. Almorzábamos y de vez en cuando íbamos a ver una película a la una de la tarde. Muchas veces, éramos las únicas personas que estábamos en el cine, algo que se sentía un poco raro, pero igualmente veíamos la película. Sabíamos que a las 6:00 p.m. cada uno estaría en su casa preparándose para dormir temprano.

Me di cuenta de que sentía algo más que el simple cariño por una compañera de trabajo cuando comencé a conectar todo: el milagrito de la virgen, mi molestia cuando la veía con alguien más, las bromas que le hacía, mi nostalgia en Cancún. Y, por supuesto, Argelia me gustaba mucho... me sigue gustando mucho. Así que una tarde la invité a comer un helado en Pasadena y sentados en un banquito finalmente le dije que quería salir con ella. Argelia solo repetía: «No puedo, no puedo». No obstante, su manera de reírse y mirarme expresaban lo contrario.

Ya Cupido había hecho su trabajo y ambos sabíamos lo que sentíamos. Sin embargo, Argelia necesitaba cerrar el ciclo con la otra persona para darle el sí a Omar.

Transcurrió un poco más de un mes antes de que Argelia le comunicara a Omar que ya estaba lista para hablar con él. Había pasado un año desde que comenzamos juntos en el *show*, y ese 10 de octubre de 2004 nos citamos en el afamado Westin Bonaventure, en el centro de Los Ángeles. Allí nos encontramos, en el restaurante giratorio de la terraza, un escenario perfecto para este par de seres ávidos de manifestar el amor que nos unía.

Lo que me gustó de Omar es que él hacía las cosas como en los tiempos de nuestros padres: el muchacho expresa primero lo que siente y te pide formalmente ser su novia antes del primer beso. Y ese fue el camino que siguió Omar. Me llamó mucho la atención que fuera un chico a la antigua, y me gustaba que se tomara el tiempo para respetar una tradición de nuestras familias, más aún sabiendo su historial con las chicas y lo coqueto que era. Ese día en el Bonaventure yo ya sabía a lo que iba. Estaba libre de compromisos y me había decidido a decirle que podíamos intentarlo, siempre y cuando estuviésemos muy pendientes de las consecuencias en el trabajo. Sin embargo, antes de llegar a ese punto, Omar se hincó y me preguntó si quería ser su novia. Nadie antes me había hecho esa pregunta de tal manera. De inmediato, le dije que sí. Nos dimos nuestro primer beso oficial y, como buenos novios a la antigua, cada quien se fue para su casa. Yo vivía con mi mamá y tenía que llegar a mi casa a como diera lugar.

Esa noche sellamos el acuerdo de mantener en secreto nuestro amor. Conversamos sobre cómo nos trataríamos en público y coincidimos en que, a partir de ese momento, seríamos sumamente cuidadosos: ni los colegas ni los radioescuchas debían enterarse. Solo lo sabría el productor del *show*, por razones obvias, y nuestra familia.

Nos había costado mucho mantener en alto el programa y pensábamos que si nuestro noviazgo se hacía público, nos botarían de la estación o perderíamos la credibilidad ante los oyentes y los jefes. Además, había una política que impedía los vínculos afectivos dentro de la empresa. Argelia hasta consideró la posibilidad de que la relación fracasara y se imaginaba trabajando con su antiguo novio sin saber cómo lidiar con la dinámica del *show*. Omar le pidió vivir un día a la vez. Y ese día a la vez se convirtió en casi tres años de amores secretos.

> Nos llevábamos superbien, y nuestra empatía al aire mejoró muchísimo. Omar ya no me corregía tanto y me miraba con ojos llenos de cariño. Me llamaba «reina» y me trataba con un respeto tal que las mujeres radioescuchas se enamoraban de él solo por la forma en que me hablaba. Ellas llamaban para decir que Omar era un caballero. Y también los caballeros manifestaban su opinión: «Es que Argelia es tan linda que provoca hablarle así».

En ese momento no sabíamos hacia dónde iba esa fascinación que nos rodeaba tanto en lo personal como en lo profesional. Los oyentes cada día se identificaban más con la pareja; nos llamaban «la parejita de la radio», sin saber absolutamente nada de lo que estaba sucediendo en nuestras vidas. Y es que cuando se siente amor, solo se puede transmitir amor. Nosotros comenzamos a transmitir esa energía y la gente le puso más atención al *show*.

La responsabilidad de triunfar tanto en el programa como en la relación nos hizo más fuertes, porque si fracasábamos como pareja, fracasaríamos también profesionalmente. Y por otro lado, ambos teníamos un compromiso económico con nuestras propias familias: Argelia con su mamá y hermanas, y Omar con sus padres. Por muchas razones no podíamos darnos el lujo de fallar. Fue así como nuestro noviazgo simplemente no existió dentro de la radio. Nunca nos enteramos de si alguien más tenía certeza del romance entre los dos, pero durante todo ese tiempo el respeto de los compañeros hacia nosotros fue muy grande. Nunca nos cuestionaron o nos señalaron, y mucho menos se burlaron de nosotros.

Quizás mucha gente lo sabía, porque fue muy notorio cómo pasaban los meses y los años y, cuando yo iba a un evento de la radio, siempre llegaba sola o llevaba a una amiga. Lo mismo hacía Omar. Cuando me preguntaban si tenía novio, decía que no.

¡Tenía que negar a Omar! Y a él le sucedía igual. Creo que la gente empezó a comentar: «Esto está muy raro, los dos tan jóvenes y ninguno con compromiso sentimental». Algunas personas de la industria muchas veces me decían: «Quiero presentarte a alguien que te quiere conocer». Y yo contestaba: «No gracias, no gracias», y ni siquiera les daba la oportunidad de hacerlo. Eso era muy extraño. En ocasiones, cuando íbamos a un restaurante o a pasear a algún lugar los fines de semana, nos topábamos con personas que trabajaban en la radio. Por lo general se nos quedaban mirando y nos observaban sorprendidos, como diciendo: «Hoy es sábado, ¿qué hacen juntos en un restaurante en Pasadena?».

La familia de ambos festejó con nosotros desde el primer momento. Algunos ya nos habían conocido cuando solo éramos compañeros de trabajo y coincidimos en alguna celebración. Como aquella del bautizo de la sobrina de Omar, que invitó a varios de sus compañeros de la radio sin pensar que era la primera vez que Argelia estaría frente a sus futuros suegros y cuñados. En esa fiesta, desbordante de música, alegría y folklore mexicano, todos estaban encantados de saludar en persona a la voz femenina que escuchaban a diario junto a Omar.

Cuando ya éramos novios, nos invitaron a un concierto de Luis Miguel y yo llevé a mi mamá. Era el día en que ella conocería al famoso Omar Velasco, con el cual su hija trabajaba. Mi mamá no tenía ni idea de que sosteníamos una relación, y yo no sabía cómo darle la noticia. Así que pensé que, de una manera u otra, ese día se iba a enterar. Y dicho y hecho, así sucedió. Estábamos ya en el lugar del concierto cuando llegó Omar y se acercó a nosotras. Entonces se lo presenté a mi mamá, y él lo primero que le dijo fue: «Suegra». Mi mamá se rio, pero le noté una expresión como diciendo: «Mira que chistosito». Sin embargo, luego me comentó que Omar le había caído estupendamente. Y cuando le confesé que éramos novios, ella me reveló que lo había sabido solo por la forma en que Omar me miraba y la manera como la llamó suegra esa noche. A mi mamá le pareció todo muy bien, aunque no le gustaba que mantuviéramos en secreto nuestro amor.

Lo cierto es que nuestras familias estaban muy felices. La mamá de Omar reaccionó como si se hubieran ganado la lotería, quizás porque las madres tienen la intuición genuina de saber quién es una buena persona para sus hijos. Betty, la hermana de Omar, presumía diciendo que ella fue «la primera en ponerle el ojo a Argelia», recordando que se la presentó a Omar a través de la pantalla de televisión. Y también nos enteramos más tarde de otra conexión nuestra que se dio aun antes de conocernos: Rebeca Acevedo —la esposa de Salvador, el hermano mayor de Omar— fue profesora de Lingüística de Argelia en la Universidad Loyola Marymount, donde ella se graduó. Como era de esperarse, Rebeca se sentía muy contenta de que su exitosa antigua alumna fuera la novia de su cuñado.

Pasaron los meses y nuestro romance seguía floreciendo. No escatimábamos un momento libre para demostrarnos ese amor que seguía oculto frente al micrófono y la gente de la estación. Tal vez por eso, cuando le dábamos rienda suelta, se expresaba como un torbellino envolvente que nos mantenía fascinados.

La familia y los amigos muy íntimos eran nuestros mejores aliados. Tuvimos momentos fantásticos que hoy en día mantenemos atesorados en nuestros corazones, y uno de los más hermosos fue la sorpresa planificada por el padre de Omar para impresionar a Argelia.

> Yo siempre conversaba con mi papá de mil cosas, y en un momento dado le pedí que me asesorara sobre un lugar espectacular donde llevar a Argelia a cenar. Estaba acostumbrado a comer en casa desde niño, por eso no sabía mucho de buenos restaurantes. Sin embargo, mi papá trabajó en el negocio de la gastronomía y manejaba muy bien ese tema, además de ser tan buen cocinero como mi mamá. Yo quería deslumbrar a Argelia con la atmósfera y la comida de un buen restaurante. Mi papá me preguntó la fecha y la hora, y me dijo que no me preocupara, porque él se encargaría de todo.

Finalmente, llegó el día de la invitación a Argelia. La cita era en la casa de los Velasco. A la hora acordada, ella se presentó a lo que creía que sería un acontecimiento familiar.

> Su papá me abrió la puerta. Tenía un paño colgado en el brazo, con la actitud de un mayordomo. De inmediato me dijo: «Bienvenida, señorita Atilano. Esta es su casa». Me agarró de la mano y me encaminó hacia el comedor, cuya mesa lucía un hermoso mantel y candelabros con velas. Fue cuando me percaté de que allí estaba Omar, sentado en la silla principal. Yo entré en un estado de conmoción. Esperaba ver a su mamá o escuchar el ruido de los niños, pero pronto me di cuenta de que en la casa solo se encontraban Omar y su papá. Entonces me senté y el señor me preguntó: «¿Qué gusta tomar?». Así como si fuera un restaurante. Yo le seguí el juego y le pregunté qué había. Él me ofreció agua de Jamaica o vino, y me mostró las botellas. Omar sugirió un vino y yo acepté. De inmediato, regresó con las copas. Todo el tiempo interpretó el personaje, sin comportarse nunca como el papá de Omar. Esa noche él era un mesero profesional. Al rato, siguieron los aperitivos. De vez en cuando nos indicaba: «Los dejo platicar». Y nos daba nuestro espacio

para conversar. Yo me moría de la risa, y Omar me decía: «Tú solo déjate llevar y goza el momento». Muy conquistador, me susurraba cosas bonitas al oído. Yo me sonrojaba y también sentía algo de rubor, porque el papá de Omar me estaba atendiendo de una manera increíble, así como si estuviese en una película. Nunca se salió del personaje. Después del aperitivo, especificó las opciones del menú. «¿Cuál es el platillo de la casa?», le pregunté. Él lo describió deliciosamente, y yo lo acepté. La forma como cargaba los platos, como colocaba los aderezos, todo fue perfecto. Después, llegaron los postres. Creo que fue una cena de casi dos horas o más. Todo había sido perfectamente planificado. Ya al final, antes de retirarse, dio un pequeño discurso para decirme que había sido un gran placer tenerme en su hogar, y que había llegado el momento de disfrutar en pareja. Omar le agradeció por todo y luego se dieron un abrazo tan lindo que yo me conmoví mucho, porque nunca viví eso en mi casa. Cuando observé ese gesto tan hermoso entre padre e hijo, lloré de emoción al pensar que quizás ese era el hombre con el que yo me iba a casar. Fue algo realmente mágico.

La familia siempre conspiró para hacer crecer nuestro amor con una felicidad colectiva que nos desbordaba. Y aunque la situación en la radio era diferente, estábamos muy conscientes de la dicha que significaba trabajar allí. Desde sus inicios, K-Love se identificó como la emisora del amor, y el amor se transmitía literalmente al aire con nosotros. La estación fue y sigue siendo en todo momento muy generosa con nuestras vidas. Nos unió, cambió nuestros rumbos, y nos hizo Omar y Argelia.

Sin embargo, hubo momentos en que la relación se vio amenazada por el fantasma de la televisión. Argelia continuaba haciendo notas para Univisión y constantemente recibía ofertas desde Miami a fin de realizar grabaciones ocasionales —como los Premios Juventud o Ver para Creer— donde sería la anfitriona junto a Fernando del Rincón. Incluso hizo una audición para el *show*

*Primer Impacto Fin de Semana,* lo que significaba que de quedarse con la posición tendría que viajar todos los viernes a Miami y regresar los domingos a Los Ángeles para amanecer los lunes haciendo el *show* de K-Love.

Argelia no estaba segura de la decisión que debía tomar, pues siempre quiso desarrollar su carrera en televisión y esa oportunidad se presentaba muy atractiva. Fue una coyuntura que tuvimos que enfrentar como pareja.

A mí me entró mucho miedo, porque me dije: «Voy a perder a Argelia. Yo no puedo ponerme delante de sus sueños; si ella quiere irse, se va a ir». Decidí entonces manifestarle mis intenciones más serias. Por primera vez, hablamos de la posibilidad de hacer una vida juntos. Y fue cuando le dije: «Estoy planteándome esto tan seriamente que ahorita mismo vamos a ir al banco a abrir una cuenta juntos, y lo que ahorremos cada mes va a ser para nuestra boda». Fuimos al banco y abrimos la cuenta. Esa fue mi reacción al miedo que estaba sintiendo. No le iba a interrumpir sus sueños, pero también quería que supiera que lo mío iba en serio. Fue mi lucha por ella, una lucha que pude haber perdido por la televisión.

Argelia —quien ya había hecho audiciones con Carmen Dominicci para el *show* de Univisión y contaba con la total aprobación de Bárbara Bermudo— se sentía muy confundida, porque a la vez no se imaginaba en Miami sin Omar, su familia y todo lo que dejaría en Los Ángeles.

Fue cuando decidí levantar el teléfono y decirle a María López, mi jefa en Miami, que ese no era el momento. Y le confesé el plan: «Es que me voy a casar con Omar Velasco». Hasta el momento no nos habíamos comprometido formalmente, pero en mi mente pensaba: *Me voy a casar en un año o año y medio, y tengo que contemplar junto a Omar todos los planes para mi carrera.* María López estaba muy feliz con la noticia que le di, aunque me dijo: «Aquí en Miami está tu oportunidad, pero, si eso es lo que quieres, adelante».

¡La estrategia de abrir la cuenta común en el banco funcionó! Y comenzamos a hacer planes sin tener un compromiso formal de por medio. Cada uno a su estilo, visualizábamos el futuro. Mientras tanto, Argelia soportaba los comentarios de su amiga Carlota, que se extrañaba de no ver todavía un anillo en su mano. «Tienes que ponerle un ultimátum a Omar», insistía. Ella nunca pronunció ese ultimátum, sino que se dijo a sí misma: «Si en un año Omar no me da el anillo, voy a terminar la relación, porque no quiero ser la eterna novia escondida». Omar jamás recibió la más mínima insinuación o presión por parte de Argelia mientras planificaba en solitario cuál sería el momento perfecto para su propuesta.

Ya había pasado más de un año desde que nos hicimos novios. Y a pesar de que Argelia había rechazado la propuesta de Univisión, seguían contratándola para la presentación de eventos especiales, como el de la despedida del año 2005 que se transmitiría desde Acapulco. Ella estaría una semana en esa ciudad mexicana y le permitían llevar a un acompañante.

Cuando Argelia me invitó a ir con ella a Acapulco, inmediatamente me dije: «¿El paraíso de Acapulco? ¿Fin de año? ¡Este es el momento!». Y tan pronto como pude, me fui a la joyería a buscar el anillo, faltando muy pocos días para el viaje que le anunciaron a Argelia de repente. Yo no tenía ninguna experiencia comprando anillos. Solo recordaba que de vez en cuando Argelia alababa los anillos de los artistas y se me había quedado grabada la frase *princess cut* que ella pronunciaba, aunque yo no tenía la más mínima idea de lo que era un anillo con esas características. El joyero me preguntó cómo era mi novia, yo le di la descripción, le dije que era una persona reconocida en los medios, y que el anillo tenía que ser *princess cut*. Le advertí que lo necesitaba ya, porque en dos o tres días nos íbamos a

Acapulco, donde se lo entregaría. Estaba nervioso, porque me explicó que necesitaban un mínimo de cuarenta y ocho horas para hacer el anillo. Finalmente, escogí una piedra que el joyero alabó y, justo a tiempo antes de viajar, pasé a recoger el anillo.

Ambos nos imbuimos en los preparativos de un viaje que de por sí era una excelente oportunidad para estar juntos y divertirnos. Argelia se mantuvo muy pendiente de la agenda y las instrucciones que debía seguir durante los ensayos y la transmisión en Acapulco, y ni por un segundo imaginó los planes de Omar, quien supo disimular muy bien su nerviosismo.

Era la primera vez que Omar programaba una propuesta de matrimonio y lo atormentaban muchos pensamientos. Pasó largo tiempo decidiendo dónde iba a guardar el anillo durante el vuelo, porque temía que se le perdiera la maleta. Y sentía mucho nerviosismo imaginando que Argelia pudiera ver la sortija antes del momento preciso. Por eso, experimentó un gran alivio cuando metió el anillo dentro de un calcetín al llegar al hotel de Acapulco.

Mientras Argelia iba a los ensayos de Univisión para el *show* de fin de año, aproveché para organizar la logística de mi propuesta. Le pedí al hotel que el 31 de diciembre, mientras estábamos fuera, colocaran pétalos de rosa en toda la habitación, champaña, chocolates y fresas. Además, mandé a hacer una decoración especial, con las almohadas en forma de cisnes, les pedí que pusieran música romántica e iluminaran la piscina privada de la villa donde nos alojaron, y también que llenaran ese lugar con pétalos y muchas flores. Sin embargo, yo estaba nervioso, pensando: *¿Cómo le voy a hacer la propuesta? ¿Qué le tengo que decir? ¿Se lo digo o no se lo digo? ¿Qué tal si me dice que no?* ¡Tantas cosas pasaban por mi mente!

Como estaba previsto, recibimos el año 2006 en medio de la alegría y el jolgorio del *show* de Univisión, y al terminar la transmisión nos fuimos a festejar a un club junto a los compañeros del canal. Eran las dos de la madrugada cuando regresamos al hotel. Argelia abrió la puerta corrediza que daba a la habitación y no pudo disimular su sorpresa; sin embargo, aún no sabía que le esperaba algo más que una noche romántica. Bailamos, tomamos un par de copas de champaña y comenzó a transcurrir el tiempo. Hasta que Omar decidió que había llegado el momento, porque la noche ya se estaba despidiendo.

> Salimos hacia la piscina y le dije: «Siéntate, que quiero platicar contigo». Y en ese momento me arrodillé en el piso. Le juré amor eterno, le dije que ella era el amor de mi vida, que nunca le iba a fallar y que conmigo iba a tener una buena vida. Y, finalmente, todavía hincado, saqué el anillo y le pregunté: «¿Te quieres casar conmigo?». Cuando visualizaba este momento, me imaginaba la reacción de Argelia y pensaba que me iba a abrazar, que iba a brincar y llorar, porque ella es bien llorona. No obstante, curiosamente, en ese momento le dio un ataque de risa. Miraba el anillo y se reía. Yo permanecía hincado, y ella riendo. Me decía: «¿Pero de qué se ríe?». Luego, como pudo, entre risas, me dijo: «Sí, sí, sí». Me abrazó y me besó. ¡Pero estuvo toda la noche riéndose!

Fue uno de los momentos más memorables de nuestra unión. Estábamos locos de amor y ahí, en medio de la risa y los nervios, comenzó otra etapa para nosotros.

> Yo estaba absolutamente sorprendida. Siempre pensé que Omar me daría el anillo el día de mi cumpleaños, que es en el mes de febrero, o el día de San Valentín. Esa noche, cuando se hincó frente a mí, pensé: *Esto en realidad me está sucediendo.* Él pronunció unas palabras muy bonitas, pero yo no podía hablar. Me dio un ataque de risa, quizás por la extrema alegría que sentía. Era una risa incontrolable. Jamás había tenido una reacción así. Al día siguiente, cuando

me desperté, vi a mi lado la cajita del anillo. La abrí y lloré mucho. Pensé en mi mamá; quería darle la noticia de inmediato. Cuando regresé del viaje y llegué a mi casa, les dije rápidamente a mi mamá y mis hermanas: «Me voy a casar con Omar Velasco». Les mostré el anillo y todas comenzamos a llorar.

A pesar de la efervescencia que vivíamos, la fecha del matrimonio no era un tema para nosotros. Había un acuerdo tácito de gozar el compromiso, porque seguíamos siendo un amor en secreto. Todos los días, al llegar a la radio, Argelia se quitaba el anillo y solo se lo ponía nuevamente cuando salía del trabajo. Tampoco lo llevaba cuando asistía a los eventos, así que apenas podía lucirlo en el auto y los fines de semana. Por eso, no dudó en hacer una gran fiesta el día de su cumpleaños con los familiares y las amistades íntimas de ambos para mostrar orgullosa su piedra *princess cut*.

Aquella noche, en medio de una enorme alegría, les anunciamos a todos que estábamos comprometidos.

No pasó mucho tiempo antes de que comenzáramos a percibir algunas consecuencias de nuestra relación oculta. Así como Argelia guardaba el anillo en la cartera para no evidenciar su compromiso, Omar seguía siendo el seductor de siempre con algunas de sus compañeras en la emisora, ya que no quería abandonar su fama de conquistador para evitar sospechas. De modo que abrazaba y jugaba con las chicas y las seguía saludando con un beso de «piquito» en la boca.

Muchas veces yo iba caminando a su lado cuando lo saludaba una compañera y Omar, sin dudarlo un segundo, le daba sus besitos. Eso me llenaba de enojo, porque ese comportamiento no iba con mi estilo. Hasta que un día lo enfrenté en el estudio de producción. Yo iba decidida a terminar, porque para mí era una situación humillante. Le hablé con mucha seriedad y hasta con lágrimas en los ojos. Le dije que no podía seguir así, que era una falta de respeto hacia mi persona, y que estaba usando nuestro secreto para coquetear con las compañeras en el trabajo. Omar abrió los ojos enormemente, le cambió el semblante y hasta le tembló la voz cuando me dijo que esa no era su intención y que no lo volvería a hacer. Y sí, lo cumplió.

Ahora nos reímos cuando recordamos ese momento, pero realmente fue muy dramático para los dos. Esconder nuestro amor significaba que cada uno debía interpretar un doble rol, dependiendo de si estábamos frente a los compañeros de trabajo o no. Durante muchas horas del día no podíamos actuar como los novios felices y enamorados que realmente éramos. Y eso generaba confusión, sobre todo en Omar, quien sintió mucha vergüenza cuando Argelia le reclamó su actitud.

Sí, me dio mucha vergüenza. Obviamente, pensé que la relación iba a terminar. Me fui a casa a pensar y entendí que si yo en verdad quería algo serio con Argelia, tenía que cambiar mi actitud. Bastó que me llamara la atención para que yo cambiara mi forma de ser. Y no me costó mucho, porque tampoco era que yo quería estar dándoles abrazos y piquitos a todas mis compañeras. Además, no era así con todas. Creo que poco a poco se dieron cuenta de la onda, porque yo empecé a comportarme de una manera más distante. Y es que estaba aprendiendo, pues solo había tenido un par de relaciones antes de Argelia, pero ninguna con esa seriedad. Con Argelia cambió todo.

Éramos Omar y Argelia, cada uno batallando por hacer el mejor *show* de la radio y, a la vez, por mantenernos dichosos como pareja. A fin de lograrlo, atravesamos muchos procesos de aprendizaje que implicaron momentos de miedo e incertidumbre. Pronto nos vimos enfrentados al reto de discutir sobre el liderazgo dentro del programa.

Desde el primer momento, las estrategias implementadas por Omar en el *show* dieron muy buenos resultados, y Argelia estaba consciente de ello. Omar dominaba el terreno de la radio y siempre le pedía que confiara en él para continuar subiendo en sintonía. Sin embargo, siendo una mujer acostumbrada a tomar decisiones y tener el control de las situaciones en su vida, Argelia comenzó a cuestionar que Omar tuviese siempre la última palabra en la dinámica o los temas del *show*.

Yo me decía: «Si el *show* se llama Omar y Argelia, ¿por qué solo Omar es el que decide?». Yo lo amaba, me encantaba lo que vivíamos juntos, pero sentía que debía tener mi territorio y él el suyo dentro del *show*. No me gustaba eso de compartir roles. Creo que si Cupido no hubiera entrado con su magia, me hubiera quejado con la gerencia por los reclamos que me hacía Omar. No obstante, como había amor de por medio, se enfrentó, se batalló y se superó esa situación.

Nunca discutíamos por asuntos personales, pero sí comenzamos a hacerlo por cuestiones de trabajo. En varias oportunidades nos vimos afectados por esa situación durante las horas del programa. Y como a Argelia se le dificultaba ocultar el llanto, terminaba yéndose al baño a llorar. Realmente, ninguno de los dos nos sentíamos bien cuando esto sucedía, y en algunas oportunidades hasta se afectaba el ritmo del *show*. Argelia no tardó en tomar sus propias decisiones.

Cuando íbamos a un evento de la radio, se me acercaban los galanes, y en varias oportunidades uno que otro manifestó verdadera atracción hacia mí. Por supuesto que yo los rechazaba. Sin embargo, harta de las discusiones de trabajo, llegó un momento en que pensé: *¿Por qué me complico la vida saliendo con un colega y no con otra persona? Si lo nuestro no funciona y nos enojamos, yo no quisiera trabajar* *enojada*. Entonces, decidí terminar con Omar antes de que fuera demasiado tarde. Y con esa determinación, lo invité a almorzar. Platicamos largamente sobre cómo me sentía y le dije que dejáramos todo hasta ahí. Me acuerdo que él me respondió con mucha tranquilidad: «Si eso es lo que tú quieres, así será». Yo me sentí muy mal, porque todo fue demasiado fácil, no me rogó ni me contradijo; hasta pensé que quizás no me quería tanto. Nos dimos la mano y yo me fui en mi carro a hacer algunas diligencias. En la noche, cuando llegué a mi casa, tenía un montón de mensajes de Omar diciéndome que él iba a pelear por mí y nuestra relación. Cuando finalmente hablamos por teléfono, me insistió en que todo lo que estaba sucediendo se debía a que yo sentía mucho miedo, y me aseguró que él jamás se iba a rendir, porque era un guerrero. No duramos ni un par de horas separados.

Aun así, nuestras carreras seguirían poniéndole pruebas al amor. Omar volcaba toda su energía y enfoque en la radio, mientras que Argelia continuaba combinando K-Love con sus presentaciones en Univisión, las cuales eran cada vez más frecuentes. Fue entonces cuando advertimos que en la pantalla chica no éramos Omar y Argelia.

Solo pedían a la locutora Argelia Atilano, como fue el caso de su entrevista en el programa Don Francisco Presenta. Esto generó un patrón que fue repitiéndose incluso en la prensa escrita, donde solamente entrevistaban a Argelia.

Parecía que el fantasma de los celos profesionales comenzaba a pasearse entre nosotros. Aunque nunca representó una amenaza para la relación, sí fue motivo de serias conversaciones, porque Omar sintió algunos golpes en su ego pensando que la empresa lo estaba ignorando.

Cuando me invitaron al programa Don Francisco Presenta, transcurría la época en la que yo estaba muy involucrada con Univisión y hacía muchas apariciones en la cadena a raíz de mi participación en Premios Juventud. Incluso la revista *People en Español* acababa de incluirme en la lista de los Cincuenta Más Bellos. Muy contenta, le conté a Omar sobre la invitación y le dije que estaba emocionada, porque querían hablar de mi historia: de cómo siendo hija de una mamá soltera de escasos recursos estudié en la universidad, me superé y llegué a donde estoy. Lo primero que Omar me dijo fue: «Perfecto, pero preséntate como Argelia Atilano, no como locutora de nuestro programa, y no vayas a mencionar para nada al *show* de Omar y Argelia». Yo me sorprendí; no entendía por qué no podía mencionar nuestro *show* si yo era parte de él y de K-Love. No obstante, Omar insistió: «Tú vas a esa entrevista como Argelia Atilano y no como locutora. Si quieren hablar del *show* de Omar y Argelia, tienen que invitar también a Omar». Le expliqué que esto iba a ayudar a colocar el nombre del programa a nivel nacional, porque para aquel entonces solo nos escuchaban en Los Ángeles. Omar insistió en que no lo mencionara. Y entonces tuvimos una bronca muy fuerte. No me fui nada contenta a Miami, y me rompía la cabeza pensando cómo iba a hablar con Don Francisco sobre mi llegada a la radio sin mencionar al *show*. Durante el viaje en avión solo me preguntaba cómo lo haría, porque además Omar iba a ver la entrevista y con seguridad se enojaría. Y sucedió que, cuando me anunciaron en el *show* de Don Francisco, dijeron: «Argelia Atilano, locutora de K-Love de Los Ángeles, del *show* Omar y Argelia». Mientras tanto yo seguía pensando: *Omar se va a enojar.*

Sin embargo, no fue así. Nos reencontramos en Los Ángeles con el mismo cariño y amor de siempre. Y las únicas palabras de reproche de Omar fueron: «¡Tenías que llorar!», refiriéndose al momento cuando Argelia habló sobre su papá durante la entrevista. Habíamos superado la situación, porque al final del día, ambos estábamos muy orgullosos de nuestros éxitos. Y cada uno entendía la posición del otro.

Cuando la invitaron a esa entrevista, yo no estaba molesto con Argelia; estaba molesto con la situación. Me enfurecí, más que nada, porque en gran parte me sentía responsable del éxito de ella. Me sentía muy responsable de todo lo bonito que estaba pasando en el *show*, ya que todas las estrategias que salían de la radio venían de mí, no del programador, del manager, del productor ni de Argelia, venían de mí. Así que me preguntaba qué era lo que yo estaba haciendo mal y qué debía cambiar para que se me tomara en cuenta en la empresa y recibir ese tipo de invitaciones. Me sentí atropellado, y mi ego sufrió por el lado profesional, el del locutor. Sin embargo, por otro lado, me sentía muy contento por lo que mi novia estaba haciendo. Para mí había tres carreras: la de Argelia, la mía y la del *show*; y de alguna manera las tres estaban, y siguen estando, ligadas. Aunque me costó trabajo, entendí que el éxito de ella era mi éxito, y mi éxito era el de ella.

Desde el primer momento en que comenzamos a compartir como compañeros de trabajo, un tema de conversación recurrente fue el relativo a nuestras infancias y familias. Argelia tuvo confianza en Omar para contarle detalles de sus problemas familiares durante la niñez y la adolescencia. Y pronto Omar supo que la historia de Argelia tocaría a una gran mayoría de la audiencia del *show*. Pensaba que si a él le interesaba, a la audiencia también le iba a interesar. En aquel entonces la estrategia del *show* era conquistar el corazón de la mujer Angelina. No en vano su eslogan era: «El *show* de Omar y Argelia, el *show* número uno en el corazón de la mujer angelina».

Cuando entré a K-Love a trabajar con Pepe Barreto, era una chica soltera, que iba a los conciertos y había ahorrado suficiente dinero para comprarme un carro más o menos de lujo. Siempre que Pepe hablaba de mí, me llamaba Argy, la coquetona, la que trae el carro del año, y me pintaba como la chica que lo tenía todo.

Entonces, cuando la gente pensaba en Argelia Atilano, se imaginaban a una chica que se la pasaba de fiesta en fiesta, en los conciertos, con un carro deportivo y luciendo sus bolsos de marca. Pepe me describía como una chica superficial y alegre debido a que obviamente él no sabía nada de mi vida. Sin embargo, cuando llegó Omar y conoció mi historia, empezó a abrirme el micrófono para que, poco a poco, le transmitiera mis vivencias a la audiencia. Si un día tratábamos un tema sobre la educación, o acerca de los padres separados o la violencia doméstica, yo aportaba mi toque personal, ya que Omar me dejaba hacerlo. Y sentía confianza para decirlo. Antes pensaba: *Si digo esto, ¿qué va a pensar mi mamá? ¿Qué va a pensar mi papá?* No obstante, se trata de mi vida y no hay motivos para esconderla. Le he dicho a Omar que siempre voy a estar infinitamente agradecida con él, porque me abrió el micrófono y aprendí, y sigo aprendiendo. La radio es lo que me ha llevado a seguir creciendo.

El año 2006 transcurría aceleradamente desde que formalizamos nuestro compromiso en Acapulco. Sin embargo, aún no hablábamos de fecha de matrimonio, y nuestra relación continuaba en secreto ante la emisora y los oyentes. Durante ese intervalo, Argelia comenzó a tener más actividades en la televisión. Como corresponsal de cine de *Primer Impacto*, casi todos los fines de semana viajaba a realizar reportajes sobre las películas más importantes. Londres, Hawái, San Francisco o Nueva York eran sus destinos los viernes en la tarde, cuando terminaba las labores en la radio.

Ya se acercaba noviembre, casi un año después de la espectacular noche entre los pétalos de rosas. Seguíamos amándonos, seguíamos compartiendo la vida con emoción, pero por alguna razón Argelia no manifestaba interés en fijar la fecha de la boda. Fue entonces cuando Omar sintió que ella no quería casarse, y se lo achacó a la popularidad que estaba teniendo en la televisión.

Omar me había dicho claramente: «Cuando nos casemos y seas mamá, dile adiós a tu carrera en la televisión, adiós a los viajes y los eventos de fin de año, porque la casada, casa quiere y la tiene que atender». Me leyó la cartilla, y yo me decía: «Cuando me case, voy a tener que dejar muchas cosas». Por eso tuve que pensarlo dos veces antes de hacerlo; no quería enfrentar el fin de mi carrera, que iba en ascenso. Además, sabía que su hermana Lorena era planificadora de bodas, y me había hecho la idea de que al decidir la fecha le iba a entregar a Lorena casi toda la responsabilidad del evento. Inclusive, por lo ocupada que estaba, me parecía bien que Omar asumiera el liderazgo en los planes. Porque, realmente, estaba muy ocupada.

Cada uno estaba viviendo ese proceso desde su perspectiva. Íntimamente, sabíamos que era el momento de tomar decisiones, pero de nuevo el miedo y la duda se apoderaron de nosotros.

No la veía emocionada, no la veía buscando vestidos, por eso un día le pregunté: «¿Vamos a pasar toda una vida de comprometidos?». Hasta llegué a pensar que ya no formaba parte de los planes de Argelia debido a su progreso en la televisión. Ella seguía teniendo mi anillo, el compromiso continuaba, pero cada fin de semana se iba a trabajar a algún sitio diferente, y siempre postergaba la decisión de fijar la fecha de la boda.

Necesitábamos hacer algo para aclarar aquella confusa situación, en la que el trabajo se estaba interponiendo entre los dos. Los días transcurrían a un ritmo frenético y no nos daban tregua para pensar con detenimiento. Hasta que llegó el momento en que Omar trazó una nueva estrategia: pediría formalmente la mano de Argelia el día de Acción de Gracias, fecha para la cual faltaban pocas semanas.

Quizás para presionarme, Omar propuso pedir mi mano en la cena de Acción de Gracias. Y fue cuando caí en cuenta de que teníamos que fijar una fecha de bodas para anunciársela a la familia esa noche. Yo siempre he trabajado con fechas tope, bajo presión, con horas de entrega. Quizás por eso necesitaba tener un plazo determinado para entrar en acción. Teníamos que buscar de inmediato la iglesia, y Omar sugirió la Misión San Fernando. Nuestra relación con el padre Luis Valbuena era excelente, ya que él iba a la radio frecuentemente. Fuimos a la Misión San Fernando y, como cosas del destino, no había fechas disponibles. Yo me dije: «No nos toca casarnos todavía». A la semana me avisaron que se había cancelado una boda el 9 de junio de 2007 a las dos de la tarde y me ofrecieron esa fecha, pero debía tomar la decisión en menos de veinticuatro horas. Cuando lo consulté con Omar y le dije que me parecía muy tarde, no lo dudó ni un segundo: «¡Tómala, agárrala ya!». Entonces llamé a la misión y yo misma fui a entregar el cheque. Ya me había puesto en acción.

Finalmente, llegó el día de Acción de Gracias. Lorena, la hermana mayor de Omar, organizó la tradicional cena del pavo en su casa en Lancaster, a hora y media de Los Ángeles. Se esmeró en tener una decoración fabulosa donde las velas eran las protagonistas. Nuestros familiares en pleno se presentaron muy elegantes, y la formalidad reinó durante toda la noche.

En el momento preciso, pronuncié mi discurso y le pedí a mi suegra la mano de Argelia. Todos los presentes lloraron, comenzando por Argelia. Después, mi suegra, mis padres, mi hermana Lorena y hasta la misma Argelia hablaron. Fue muy emotivo y todos terminamos llorando. Esa noche anunciamos que nos casaríamos el 9 de junio de 2007.

El 2006 se despidió con mucha alegría, tal como había comenzado para nosotros, y de pronto vimos pasar velozmente los meses

del 2007, mientras afinábamos los preparativos de la boda manteniendo el secreto ante la empresa. Habíamos acordado revelar la
noticia después de celebrar el matrimonio.

A finales de mayo, ya nuestros amigos tenían planificadas
las despedidas de solteros. Argelia hizo coincidir la suya con el
fin de semana de Memorial Day para ir con sus tres mejores
amigas a Los Cabos en un viaje de relajamiento, spa y playa. Por
su parte, Omar pidió sus vacaciones en la radio para tomarse
una semana entera con sus amigos en Puerto Vallarta y tener su
última farra como soltero. Esa semana sería exactamente la
anterior a la boda.

A mí me dejaron a cargo del *show*. En la radio solo sabían que Omar
estaba de vacaciones, pero nadie imaginaba que estaba celebrando
su despedida de soltero. Entonces maquiné que, al irse Omar, iba a
hacer una fiesta en el aire. Y, literalmente, cuando llegué el lunes al
*show*, dije al aire: «Bienvenidos al *show* de Argelia Atilano». Por
supuesto, Omar se había despedido de la audiencia el viernes anterior y todos sabían que estaría una semana de vacaciones. A mí me
gustó mucho decir que era mi *show*, y empecé a jugar con eso. Y el
viernes, cuando tenía una semana al aire yo sola, me despedí
diciendo que de ahora en adelante ese sería el *show* de Argelia
Atilano, que había cambios en la estación y Omar Velasco ya no
iba a regresar. Lo dije como una broma, para poner un poco de
furor, porque sabía que Omar regresaría el lunes como estaba previsto. Sin embargo, se me ocurrió decir al aire que Omar se había
desaparecido y por eso los jefes decidieron que ese sería ahora el
*show* de Argelia Atilano. La gente no tardó en reaccionar: «¿Cómo?
¿Omar ya no regresa? ¡No puede ser!». Me asusté mucho y le dije al
jefe en aquel entonces que había cometido un grave error. Me sorprendí cuando me respondió: «No, no, al contrario, cuando llegue
Omar el lunes tú sigues el juego y le dices que el *show* es ahora de
Argelia Atilano».

Nuestro jefe no perdió un segundo para pensar en los índices de audiencia y hacer algo de ruido que atrajera a los radioescuchas. Hasta planificó unos anuncios publicitarios que anunciaban el nuevo *show* de Argelia Atilano: «De una mujer para la mujer». El domingo en la noche, a su regreso, Argelia le comunicó a Omar lo que sucedía y fue el inicio de una mayor diversión.

Me pareció padre y me dije: «Diviértete». El lunes durante el *show* le decía a Argelia cosas como: «¿Qué te pasa, me voy unos días y así me pagas?». Y las mujeres comenzaron a llamar y defenderme. Me contaban lo que Argelia había dicho durante la semana: «Te fuiste una semana y Argelia tomó el control, se creía la dueña de la estación. Sin ti no funciona el *show*. ¿Qué se cree Argelia?». Si mal no recuerdo, pasamos un par de días así. La incógnita se mantenía en el aire: ¿qué va a pasar con el *show* de Omar y Argelia?

Para ese momento, comenzamos a dudar si aún era conveniente anunciar nuestra relación después de celebrarse la boda. Argelia insistió en que hablásemos de inmediato debido a la proximidad de la fecha.

Fui a ver a nuestro jefe, el programador José Santos, y le dije que quería conversar con él sobre algo que tenía que ver con Argelia y conmigo. Le advertí que no quería platicar en la oficina y lo invité a tomar un café al día siguiente. Ya estando con él, le expliqué: «Seguramente lo sabes, porque a lo mejor es un secreto a voces, pero Argelia y yo somos novios y nos vamos a casar en dos semanas». Le dio tanto gusto que casi brinca de la emoción. Estaba sumamente contento por nosotros. No obstante, como buen programador de radio, inmediatamente empezó a crear una historia aprovechando lo que había sucedido en el *show* durante esa semana. Ideó unos anuncios promocionales para ser lanzados en su momento, los cuales decían: «Mañana, a las ocho de la mañana, entérate de lo que va a pasar con el *show* de Omar y Argelia». Y nos citó a los dos en su oficina.

Durante tres años estuvimos pensando que al anunciar nuestra relación en la emisora podía haber una reacción desfavorable por parte de la empresa. Y siempre consideramos la posibilidad de un despido. Sin embargo, ahí estábamos en el despacho de un jefe que no ocultaba su alegría. Repetía que era excelente lo que nos estaba sucediendo, porque eso significaba un mayor índice de audiencia, y precisamente en la emisora querían historias de amor y pasión. Así que se levantaba del asiento y caminaba de un lado a otro, mientras decía que escribiría una carta para él mismo leerla al aire y de esa manera anunciar el verdadero futuro del *show*.

Paralelamente, los radioescuchas seguían pendientes de la supuesta separación de Omar y Argelia, y no paraban de llamar a la radio. Muchos pedían que continuáramos juntos, y otros abogaban por Omar o por Argelia según sus preferencias. Todos pensaban que estábamos enojados, y durante una jornada completa se transmitió un anuncio promocional que aumentaba la intriga diciendo que algo muy grande se iba a anunciar al siguiente día.

Y así amaneció aquella esperada mañana. Nuestro jefe nos había pedido que ninguno de los dos saliéramos al aire entre 5:00 a.m. y 8:00 a.m. El productor para ese momento fue quien tomó el micrófono. Decía cosas como: «No sé qué está pasando aquí, yo soy el productor del *show* y estoy en el micrófono porque Omar y Argelia no han llegado». Podemos asegurar que toda la atención de la ciudad estaba puesta en K-Love.

Obviamente, Omar y yo sí nos encontrábamos en la cabina. Yo le había dicho a mi mamá que esa mañana se iba a anunciar nuestra boda y que corriera la voz entre los familiares y las amistades. Me sentía muy nerviosa, nerviosísima, porque no sabía si a la gente le iba a gustar esa idea. Por otro lado, podían acusarnos de haberles mentido durante tres años a pesar de haber compartido con ellos otras cosas muy personales. Me decía: «Nos van a odiar, nos van a perder el respeto, nos van a dejar de escuchar, y ahora sí que nos van a correr de la radio». En ese momento veía todo negativo. Y al mismo tiempo, tenía que preparar lo que iba a decir, porque ya el jefe nos había anunciado que él hablaría primero, luego Omar y después yo. Tenía que preparar mi discurso.

Por fin el reloj marcó las ocho de la mañana, la hora del sorpresivo anuncio. Puntualmente, se abrió el micrófono para José Santos, quien parecía un niño chiquito, emocionado y nervioso. Lo que sentía lo transmitía en su cara y sus manos.

Se sentó al lado mío, sacó unas hojas de papel y comenzó a leer. ¡Había escrito algo muy hermoso! Habló sobre quién era Omar, quién era yo, cómo nos conocimos y lo contento que estaba por nuestro trabajo al aire. La voz le temblaba. Omar y yo no ocultábamos nuestra sorpresa, porque él nunca nos dijo lo que iba a escribir. Jamás imaginé todos los comentarios bonitos que nuestro jefe derrochó esa mañana. Él anunció formalmente nuestro noviazgo. Cuando terminó de leer, los teléfonos no dejaban de sonar. Omar contestó las llamadas. ¡La gente estaba feliz! La mayoría comentaba frases como: «¡Yo sabía! ¡Yo sabía que ahí había algo! ¡Qué alegría! ¡Yo se lo había dicho a mi marido!». Había mucha euforia. Entonces, cuando solo faltaba la última media hora del *show*, Omar decidió abrir el micrófono para él. Y se me declaró ante el público. Me declaró su amor con unas palabras muy lindas y conmovedoras. Eso no fue planificado, sino una reacción espontánea de Omar. Yo me olvidé de que existía un público, me olvidé de que había mucha gente afuera en el pasillo viéndonos a través del cristal de la cabina, y le empecé a hablar, confesándole lo difícil que había sido para mí esconder algo tan hermoso. De repente, la conversación era solo entre Omar y yo.

Los demás escuchaban en silencio. Sin embargo, había que cerrar el *show*, y fue cuando Omar platicó un poquito sobre cómo surgió nuestra relación. Para terminar, soltó la frase: «Por cierto, nos vamos a casar».

Así cerramos el *show*. Ya el público sabía nuestra intención de casarnos, pero no imaginaba que la boda se realizaría la semana siguiente a esa memorable mañana en K-Love. A partir de ese momento llovieron las felicitaciones, y el amor y la felicidad tomaron por asalto el aire durante los días venideros. Nosotros no salíamos del asombro por la fascinante reacción de la audiencia enamorada de la pareja formada por Omar y Argelia. Nos maravillaban las llamadas de hombres agradecidos por haberles contado una historia de amor tan real que los motivaba a practicar el romanticismo a la antigua.

Ya estábamos en la semana de la boda. Yo pedí libre el viernes, un día antes de la celebración, para dedicarme a las últimas pruebas del traje y todas las cosas pendientes. Ese viernes antes de casarnos Omar estaba solito al aire haciendo su *show*. Yo iba escuchándolo en mi carro mientras manejaba por la autopista, justamente cuando llegó el momento de la despedida. De pronto, oigo a Omar diciendo: «Bueno, nos vemos el próximo lunes, y bien amarrados... ¡porque mañana nos casamos!». Casi choco, porque habíamos decidido que no anunciaríamos la fecha de la boda. Sin embargo, Omar estaba tan contento que no se aguantó.

La publicista que teníamos por ese entonces nos comunicó el interés de distintas publicaciones, como *People en Español*, en hacer algunas notas sobre nosotros. Nos habíamos negado a que nuestra boda fuera un acontecimiento público, porque nunca nos hemos considerado celebridades. Con todo, la publicista nos convenció de la importancia de recibir a los periodistas ese día, y fue así como el sábado 9 de junio de 2007 toda la prensa acudió a la Misión San Fernando para cubrir la ceremonia.

Fueron unas magníficas nupcias, en las que estuvimos acompañados de todos nuestros familiares y personas muy queridas, quienes no escatimaron palabras para alabarnos y felicitarnos. Argelia lucía regia en aquel traje que cobró mucho significado para ella. La mamá de Omar, una extraordinaria costurera, había dedicado los seis meses anteriores a confeccionarlo completamente a mano.

El plan original era ponerme el vestido confeccionado por ella en la ceremonia de la iglesia y luego lucir en la recepción un vestido realizado por mi amigo, el diseñador Eduardo Lucero. Ya lo había anunciado así en las entrevistas que me hicieron antes de la boda. Sin embargo, la primera vez que fui a ver lo que mi suegra estaba haciendo me quedé con la boca abierta: era una obra de arte. Yo le había dado una foto del vestido que quería, pero ella superó al que había en la foto. En aquel entonces, Lorena, la hermana de Omar, tenía una casa de bodas donde vendían y hacían vestidos de novias. Y mi suegra hizo mi vestido allí. No obstante, era tan grande que no lo pudo confeccionar en el espacio reservado para la costura. Tuvieron que sacar todo lo que había en la bodega del segundo piso para lograr el espacio necesario que requería el vestido. Cuando fui a verlo por primera vez, no podía creer la cantidad de tela que estaba usando. Era plisado, y cada pliegue, cada piedra de Swarovski, cada detalle, fue colocado a mano. La tela nunca se trabajó en una máquina de coser. Yo me enamoré al cien por ciento y más del vestido. Y le conté a mi mamá el dilema que tenía: «Me enamoré como no tienes idea del vestido de mi suegra, y lo quiero usar hasta que me lo quite el novio». No me veía entrando al salón de recepción sin el vestido de mi suegra, porque era ahí donde todo el mundo realmente lo podía apreciar. Aun así, había ido a las pruebas del traje de Eduardo, que iba a ser mucho más ligero y más fácil de manejarse en el salón. Finalmente, con mucho dolor, le tuve que decir a Eduardo

Lucero lo maravilloso que estaba quedando el vestido de mi suegra. Y lo más lindo fue que él lo entendió perfectamente y no se ofendió. Inclusive, la noche de la boda, me dijo: «Te hubiera regañado si te hubieras quitado ese vestido. No pudiste haber tomado mejor decisión». Quedó fascinado, como el resto de los invitados, con el fabuloso traje de mi suegra.

Dos días después, el lunes a las 5:00 a.m., estábamos de nuevo frente al micrófono de K-Love. No teníamos vacaciones para irnos de luna de miel. Omar había usado sus días para la despedida de soltero y Argelia tomó los suyos durante los preparativos de la boda. Sin embargo, no nos disgustó en absoluto regresar y compartir con la gente que había reaccionado tan positivamente ante nuestro amor.

El *show* era una locura. Hablamos de nosotros durante dos o tres semanas seguidas. La gente quería saber todo y sentíamos que era nuestro deber contestar todas las preguntas después de haber mantenido el secreto por tanto tiempo. Así que le abrimos el micrófono al público para que nos conociera como pareja.

Resultaba algo raro escuchar a una pareja de casados en la radio. Y además, tan de repente. Porque todo fue muy rápido: me fui una semana a la despedida de soltero, Argelia hizo su *show*, regresé, representamos un drama, y luego anunciamos que estábamos comprometidos y nos íbamos a casar. Y una semana después: «¡Ya nos habíamos casado!». La gente nos llamaba y hacía todo tipo de comentarios: «Yo un día los vi en el centro comercial, agarraditos de la mano». O: «Yo te vi cuando entraste en el registro civil a pedir el documento». Sentían que eran parte de la historia, se sentían testigos orgullosos de algún aspecto de nuestra historia de amor. Y hasta la fecha, nos encontramos parejas jóvenes o matrimonios de muchos años que nos dicen que nunca van a olvidar esa mañana en que les anunciaron el amor de Omar y Argelia.

Notamos que las familias empezaron a escuchar el *show*, que las parejas se unieron a la audiencia para abarcar un grupo más grande que ya no se limitaba solo a la mujer. Ahora percibían a Omar y Argelia como una pareja y les encantaba escuchar nuestras historias. Aunque decidimos que el *show* no se convertiría en una especie de *reality* sobre la vida personal de ambos, por más que tratábamos de no hablar sobre nosotros, la gente lo pedía. Así que decidimos contar algunas de nuestras aventuras y a la gente le fascinó.

Del mismo modo, lo que José Santos había visualizado se hizo realidad: los índices de audiencia se dispararon de una manera considerable. Podemos decir que hay un antes y un después de la boda de Omar y Argelia en cuanto al número de radioescuchas del *show*, y también en cuanto a nuestra credibilidad.

Aquellas fueron semanas impregnadas de dicha. A cada rato recibíamos felicitaciones no solo provenientes de la audiencia, sino también de artistas y personalidades como el antiguo alcalde de la ciudad de Los Ángeles, Antonio Villaraigosa, quien declaró el 9 de junio como el día de Omar y Argelia.

Es cierto que muchos artistas, antes del anuncio público, habían percibido los sentimientos que nos unían. Al aire y fuera del aire notaban la química entre los dos, y frecuentemente nos preguntaban: «¿Ustedes son pareja?». Nosotros lo negábamos de inmediato, y ellos insistían: «Aquí hay algo».

Alicia Machado fue una de las primeras en notarlo y comentarlo con nosotros. Lo mismo nos sucedió con Jenni Rivera, una de las pocas personas a quien Argelia le mostró el anillo en la radio cuando lo llevaba secretamente y le reveló que estábamos comprometidos. Alejandro Sanz también se enteró en la cabina del *show*, y luego nos envió un presente. Reyli Barba nos preguntó si manteníamos una relación sentimental, y cuando se despidió nos dijo: «Cuando se vayan a casar, nunca dejen de ser novios». Ricardo Arjona y Ana Bárbara también están entre los artistas que pasaron por la radio y advirtieron nuestro amor.

Tenemos varias historias con gente del medio a quienes les ha encantado que seamos pareja. Entre ellos, Gloria y Emilio Estefan. Cuando los tuvimos juntos como entrevistados en el *show*, nos preguntaron muy curiosos: «¿Cómo lo hacen?». Y nosotros respondimos sin dudar: «¿Cómo lo hacen ustedes?». Más de treinta y cinco años juntos, en una exitosa relación de amor y trabajo, es una referencia obligatoria. Ese día, Gloria nos confesó que el único problema que ella tenía era no saber a quién acudir cuando quería quejarse de su *manager*. Y Argelia le confió que ella tenía el mismo problema. Omar y Emilio se rieron a carcajadas.

Tiempo después, ya estando casados, fuimos los dos a entrevistar a Luis Miguel para el lanzamiento de otro de sus discos, y Argelia tuvo la oportunidad de contarle cómo él formó parte de nuestra historia de amor. Luis Miguel estaba fascinado escuchando, y al final nos dijo para sorpresa nuestra: «Yo conozco su historia». Por supuesto, Argelia le preguntó cómo la sabía. Y él contestó: «Yo sé todo lo que hablan de mí». En ese tiempo contábamos mucho la anécdota de la llamada telefónica de Omar desde Cancún cuando fue a entrevistar a Luis Miguel.

Poco a poco, la agitación de aquellos días fue disminuyendo, pero el *show* seguía consolidándose y dando los resultados que queríamos. El contenido cambió, al igual que cambió la confianza del público hacia nosotros.

Después de nuestra boda, sentí un mayor respeto de los radioescuchas hacia mí como mujer. Era como si las oyentes me vieran con ojos diferentes, porque había pasado a ser una mujer casada y ama de casa. Notamos que otros *shows* trataban de imitar nuestra química y hacer cosas similares a lo que teníamos nosotros en contenido, concursos o dinámica. Pero ellos estaban muy conscientes de que no podían imitar el amor que sentíamos Omar y yo. De alguna manera, hicimos historia en la industria de la radio en español en este país, pues fuimos y somos hasta ahora los únicos locutores

casados al aire, en un mismo *show*. Nuestra historia parece ser única: nos conocimos frente al micrófono, así crecimos, nos enamora-
mos y nos casamos.

Y así transcurrió un año más. El tiempo exacto que habíamos
previsto para comenzar a agrandar la familia. Entonces decidimos
tomar unos días para irnos a la ciudad mexicana de Oaxaca, donde teníamos unos amigos que nos dieron las mejores recomendaciones de hotel y los paseos.

Mis amigos también me recomendaron comer chapulines, los gri-
llos que se cocinan. En Oaxaca hay una gran variedad de chapulines y los venden de muchas formas: en los tacos, en el chocolate, y
hasta en polvo. Porque dicen que los chapulines de allá son afrodi-
síacos, y popularmente se conocen como el viagra mexicano. «Mira,
Omar, en dos o tres meses después de comerlos, van a tener buenas
noticias», me dijeron mis amigos. Inclusive, hablamos con ellos al
aire antes del viaje, y el público se enteró así de que íbamos a Oaxaca
a encargar el bebé. Los chapulines fueron parte del ritual.

Pasaron unas cuantas semanas y ya de regreso a la rutina diaria Argelia comenzó a sentirse de una manera diferente. Le entró
la sospecha del embarazo y decidió hacerse las pruebas con su doctora, quien le prometió los resultados para dos o tres días después.
Llegó el día viernes sin noticia alguna, y después del *show* nos uni-
mos a una fiesta estilo hawaiano que la empresa había organizado
en el salón grande de la estación.

Estábamos en plena fiesta, y justo cuando el jefe comenzó a hablar,
recibí una llamada de mi doctora. Entonces salí al pasillo, respondí
la llamada, y de inmediato escuché su voz con un tono de alegría:
«¡Felicidades, Argelia, tienes tres semanas de embarazo!». Bien
asustada, le dije que me había tomado una copa de vino un día

antes. Ella se comenzó a reír diciéndome: «Eres muy graciosa. No va a pasar nada. ¡Felicidades!». Yo estaba contenta, saltando de alegría por mi embarazo. Y me acuerdo que me dije: «¿Qué hago? ¿Le digo a Omar ahora mismo? No, no, no se lo puedo decir en esta reunión. No le voy a decir nada ahora, después lo planifico». Entré de nuevo al salón y cuando Omar me preguntó de qué se trataba la llamada, le dije que era algo relacionado con *Primer Impacto*. No obstante, estuve todo el tiempo nerviosa, pensando en hacer algo especial para darle la noticia. Esa noche, Omar me invitó al cine, y durante toda la película sentí un hormigueo en el estómago, ese hormigueo que da cuando sientes mucha emoción, como si fueran unas maripositas revoloteando ahí dentro. Y entonces pensé: *Se lo voy a decir mañana*. Sin embargo, al día siguiente me tocó trabajar. Y el domingo también. Trabajé todo el fin de semana en las famosas películas de *Primer Impacto*. Cuando regresaba a casa, Omar estaba cansado o teníamos algún compromiso con la familia. Llegó la noche del domingo y me acosté sin haberle dado la noticia a Omar.

Por cosas del destino, el lunes teníamos una sesión de fotos para una revista llamada *Bodas USA*, que nos invitó a formar parte de una edición especial. Nos escogieron por ser un matrimonio joven, y nosotros aceptamos porque se llevaría a cabo justo al año de habernos casado. Era algo simbólico para nosotros: un año después, Omar y Argelia, en una sesión de fotos con los trajes de boda. El concepto de la publicación era muy interesante, pues consideraban que el día de tu casamiento estás tan ocupado y pendiente de tantos detalles, que quizás las fotos que te toman no te gustan del todo, así que ellos ofrecían la oportunidad de hacerlas de nuevo sin tanto estrés.

Decidí que no pasaría un día más sin que Omar supiera de mi embarazo. Ese lunes, fui a la tienda y le compré un regalo: dos mamelucos para bebés recién nacidos, un chupón, una tarjeta y un monito de porcelana en forma de bebé. Puse todo en una cajita bonita y me dije: «En algún momento del día, se lo entrego a Omar para anunciarle que va a ser papá». Antes de comenzar la sesión de fotos, René Muñoz —mi estilista y amigo íntimo de toda la vida— me estaba arreglando el cabello y de pronto me dijo: «Tú tienes algo, estás muy rara, te veo diferente». Yo no me aguanté, sentía que le tenía que decir a alguien, porque absolutamente nadie lo sabía, excepto mi doctora y yo. De modo que me cercioré de que Omar estuviese lejos de nosotros y le susurré: «René, estoy embarazada». Y en el momento en que lo dije empecé a llorar sin parar. Todo el maquillaje que me había hecho se me corrió. Y René también comenzó a llorar y a brincar de la emoción; me besó, me abrazó, estaba feliz. Le conté que se lo iba a decir a Omar ese día. René argumentó: «Pero antes tenemos que contarle a Gisela, porque necesito más tiempo para volverte a maquillar». Gisela, la fotógrafa, entró en ese momento, me vio con el maquillaje deshecho y se enteró de lo que estaba sucediendo. Entonces entre los tres planeamos que el momento de anunciarle el embarazo a Omar quedaría grabado en vídeo sin que él lo supiera de antemano, porque ese día, además de fotos, se estaba grabando un vídeo.

Fue así como Gisela planificó que haría una segunda tanda de fotos al terminar la correspondiente a la boda. Nos explicó que quería captar imágenes para mostrarnos como si estuviésemos en casa el día después de la recepción, cuando los recién casados abren los regalos. A Omar le pareció divertido y se dispuso a seguir las instrucciones sin la más leve sospecha de lo que vendría.

Gisela le explicó que yo le entregaría un regalito para que él lo abriera. Cuando ella dijo: «Acción», le puse el regalo a Omar en sus manos. Él fue sacando uno a uno lo que había adentro y estaba como sorprendido. Cuando sacó el bebé de porcelana, preguntó: «¿Qué es esto?». Y yo respondí: «No sé. ¿Será que quieren que me embarace?». Al final, sacó el chupón que tenía un letrerito con las palabras: «My Daddy» [Mi papá], y fue cuando le dije: «¡Felicidades, vas a ser papá!». Omar comenzó a llorar de la emoción. En un segundo, estábamos los dos llorando, luego me abrazó y me besó. Y todo fue captado por las cámaras. Para mí resultó ideal, porque siempre pensé en hacer una producción enorme para el día en que le anunciara a Omar que seríamos padres. ¡Y lo conseguí!

Después de tan emotiva escena, matizada también con los suspiros y las lágrimas de quienes fueron testigos de nuestra felicidad, nos calmamos y empezamos a conversar sobre los resultados de las pruebas de embarazo.

Al enterarme de que Argelia se guardó la noticia durante tres días, y que su amigo René lo supo antes que yo, me costó aceptarlo de entrada, porque yo soy muy diferente. Si sucede algo importante, inmediatamente se lo platico a ella. Sin embargo, la alegría de saber que sería papá opacó cualquier disgusto momentáneo. Yo quería darle la noticia a medio mundo, a toda mi familia, a mis amigos. Lo primero que hice fue llamar por teléfono a mi mamá. Ella prácticamente escuchaba mis brincos por el teléfono. Se emocionó mucho, y entre otras cosas me dijo: «Le voy a poner Estrellita a mi nieta. Porque tu hija va a ser una estrellita. Y le voy a poner Estrellita de Oaxaca, porque se concibió en Oaxaca». De alguna manera, ella presintió que tendríamos una niña. Y por mucho tiempo la llamó Estrellita.

Cuando ahora miramos hacia atrás, agradecemos haber vivido el singular episodio durante la sesión de fotos, porque nos permitió tener documentado para siempre ese momento tan importante en nuestra relación de pareja. Sin duda, fue uno de los días de mayor dicha para ambos.

Omar terminó de darle la noticia a mi suegra y de inmediato nos fuimos a la casa de mi mamá. Ella se sorprendió de vernos sin previo aviso. Llegamos muy guapos, muy arreglados, tal como estábamos ante las cámaras momentos atrás. Nos invitó a comer y nos sentamos a la mesa. Omar ya me había advertido que tenía que darle la noticia rápido, porque él no se iba a aguantar. Así que, al sentarnos a la mesa, saqué la misma cajita de regalo que le había dado a Omar y le dije a mi mamá: «Mira lo que le regalé a Omar hoy». Él la abrió y comenzó a sacar los regalitos. Ahora sí, sin demora, le di la noticia: «¡Vas a ser abuela!». Y de nuevo lloramos todos de la emoción. No obstante, Omar aprovechó para contarle que yo me había guardado la noticia durante tres días sin decirle nada a él, y en ese momento recibí un tremendo regaño de mi mamá.

# ～{ 2 }～

# APRENDIENDO A
# MULTIPLICAR EL AMOR

YA NO ÉRAMOS AQUELLOS ENAMORADOS escondiendo la pasión ante un micrófono que parecía vigilar nuestros sentimientos de 5:00 a.m. a 10:00 a.m. Tampoco los eufóricos recién casados compartiendo un sueño de amor con miles de personas. Esta vez, nos encontrábamos en el inicio de un nuevo y desconocido ciclo de la vida. Nuestro amor había abierto sus alas para dar cabida a otro ser que nos mantenía subyugados desde el vientre de Argelia.

Cuando pasaron tres meses de un feliz embarazo, pensamos que era un buen momento para darles la noticia a los radioescuchas. Nos gustó la idea de desarrollar una intriga y mantener a la gente pendiente del anuncio que le haríamos. Así que, durante una semana, comentamos que el *show* tendría un integrante más, porque pensábamos que ya era tiempo de evolucionar hacia una dinámica diferente. La incorporación de una nueva voz al *show* de Omar y Argelia fue tomada seriamente por los oyentes, y muchos de ellos llamaban para decir el nombre del posible locutor.

Para ese entonces, la actriz Aracely Arámbula conducía un *show* en Univisión que se llamaba *¡Viva la familia!* de Todobebé. Aracely estaba embarazada y esperaba el primer hijo del cantante Luis Miguel, quien en ese momento era su pareja. Los productores del programa televisivo buscaban a una presentadora en Los Ángeles para integrarla al *show*. Y, nuevamente, Argelia recibió una propuesta del medio televisivo.

> Conocí a Aracely y a todos los miembros de la producción. Me encantó la idea y acepté la oferta, pero les advertí que no podía empezar hasta que anunciara mi embarazo al aire. Todo se coordinó muy bien para que el día que diéramos la noticia también estuviesen las cámaras de *¡Viva la familia!* de Todobebé en nuestra cabina de radio. Por fin llegó la mañana esperada. Un segundo después que sonaron las fanfarrias y los tambores para revelar el nombre del nuevo integrante del *show* salió al aire el audio de los latidos del corazón de nuestro bebé. Omar había ido a todas mis citas médicas y, cuando escuchó el corazoncito del bebé, grabó el sonido con su celular. Fue el mismo latido que oyó toda la audiencia esa mañana. Entonces Omar imitó la voz de un niño: «Hola, mami, soy baby Velasco y estoy en tu pancita. Pronto estaré con todos ustedes». Finalmente se supo quién era la nueva persona que formaba parte del equipo del *show* de Omar y Argelia. Y, sorpresivamente, la primera llamada de felicitaciones que recibimos fue la de Jenni Rivera.

De nuevo hubo fiesta con nuestros oyentes en la cabina de K-Love. Presentamos a Aracely Arámbula y ella informó que, a partir de ese momento, Argelia formaría parte de su *show* en Univisión. Aracely ya sabía que su bebé era varón, y Omar bromeaba con ella diciendo que ese sería nuestro yerno si teníamos la hembra. Se autoproclamó como el futuro consuegro de Luis Miguel.

Los radioescuchas estaban encantados y nosotros obtuvimos el primer lugar de audiencia en el mercado general, algo que

ningún otro *show* en español había logrado. Hicimos que el público fuese partícipe de algunos momentos cruciales del embarazo,
como el día en que nos enteramos del sexo del bebé. En aquel
entonces, los dos trabajábamos en la televisión con Escándalo
TV, en Telefutura. Así que le dijimos a la audiencia que Omar
saldría en el *show* televisivo con un moño rosado o azul, dependiendo de la noticia que nos diera el médico sobre el sexo del
bebé.

Dicho y hecho, Omar apareció en pantalla con su moño rosita, y así
anunciamos que iba a ser niña. De inmediato, empezaron las mujeres a llamar a la radio con sugerencias de nombres para la niña.
Entonces decidimos que el público le pusiera el nombre a nuestra
hija. Omar y yo escogimos diez que consideramos muy bonitos y los
colocamos en una encuesta en la página de K-Love a fin de que el
público votara por su favorito. Prometimos que íbamos a escoger el
nombre que más votos obtuviera. Poco a poco, eliminábamos los
que iban perdiendo. Y Camila ganó por un gran margen de votos.
Felizmente, era uno de los que más nos gustaba. Hoy en día, todavía
hay gente que nos ve en la calle con la niña y le dicen: «Tú te llamas
Camila porque yo dije que te llamaran así». También, cuando deco-
ramos el cuarto de Camila, compartí un álbum de fotos muy bonito
en la página online. Y di muchas entrevistas especiales para *Primer
Impacto*, que siempre estaba muy pendiente de mi embarazo.

Nos encontrábamos ya en la recta final del embarazo e íbamos
semanalmente al control médico en Pasadena. Aquel lunes, todavía faltaban dos semanas para la fecha de parto cuando fuimos a
la cita prevista. Pasamos a la revisión en el consultorio del doctor,
pero esta vez resultó diferente a las semanas anteriores. Al hacer el
ultrasonido, el doctor reaccionó con evidente asombro. Nosotros
nos alarmamos, y había suficientes motivos para hacerlo: quedaba
muy poco líquido en la placenta. «Vas a dar a luz hoy mismo»,

fueron las inesperadas palabras del doctor, quien nos pidió que no perdiéramos tiempo y nos mandó a irnos de inmediato al hospital que, afortunadamente, quedaba en el edificio frente a su consultorio. Muy nerviosos, caminamos hasta allá.

> Alrededor de las 3:00 p.m., sumamente asustados, nos registramos en el hospital y nos pasaron a la habitación. Dejé a Argelia para irme a casa a recoger todo lo que ella necesitaba. Llegué a casa, tomé las cosas que Argelia tenía medio preparadas, metí en una maleta su ropa y la ropa de la niña, agarré la perrita, se la llevé a mi hermano Fernando, y luego pasé a buscar a mi suegra. Hice todo eso en menos de tres horas, en plena hora pico del tráfico de Los Ángeles.

Sentíamos que algo se nos había escapado de las manos, porque ese momento lo habíamos soñado muchas veces, pero de una manera muy distinta. Mientras Omar recorría las calles en su carro rumbo al hospital, Argelia estaba en manos del médico, quien le hacía pensar que la vida de la niña corría peligro. No podíamos entender por qué estábamos viviendo una situación de emergencia después de haber tenido un plácido y sano embarazo.

> Yo no me había preparado en absoluto para lo que estaba sucediendo. El doctor provocó la ruptura de la fuente con su propia mano, me suministraron muchas medicinas, y tuvieron que inyectarme para inducirme las dilataciones. ¡Todo lo que yo no quería! Solo le pedía al médico que no me hiciera cesárea, que yo deseaba tener un parto natural. Él no me aseguraba nada y me tranquilizaba diciendo que todo dependía de mí. Omar me había llevado mi virgencita de Guadalupe y la puso frente a mí, entonces comencé a rezar. La niña no tenía líquido para subsistir y mi cuerpo no respondía. Realmente no estaba lista para el parto. Después de la inducción, las contracciones comenzaron a llegar muy fuertes y yo aguanté un par de horas de intenso dolor, hasta que me pusieron la peridural.

Pasaron más de cinco horas desde que llegamos al hospital, de modo que en la sala de espera ya se habían juntado alrededor de veinte familiares nuestros. La habitación de Argelia estaba acondicionada para realizar el parto ahí mismo, así que a las 10:00 p.m., cuando el doctor nos dijo que ya era el momento, todo se aceleró.

Habíamos acordado que mi suegra y yo éramos las únicas personas que estaríamos en el parto. A las 10:00 p.m., fui corriendo hasta el vestíbulo. Pálido y asustado, abrí la puerta y le dije a mi suegra que me acompañara. «Órale, pues, que llegó el momento». Todos estaban viendo una novela en la televisión. Argelia me había pedido que grabara el alumbramiento con una camarita y que su mamá la ayudara agarrándola de la mano. Todo iba aparentemente bien. Las contracciones llegaban y Argelia poco a poco iba empujando. Y así estuvimos alrededor de cuarenta minutos. Como a las 10:40 o 10:45 p.m., el doctor fijó su mirada en la máquina que mostraba los latidos del corazón de la niña. Yo no sabía que se trataba de los latidos del corazón, pero vi que esos numeritos comenzaron a bajar de ciento diez a cien, noventa, ochenta...

El doctor salió rápidamente del cuarto sin decirnos nada, y a los diez segundos entraron tres enfermeras que llevaban una mesa, evidentemente con la intención de preparar a Argelia para hacerle una cesárea. Aunque en ese momento no nos dieron explicaciones, luego supimos que las palpitaciones de Camila estaban bajando, ya que el cordón umbilical se había enredado.

Las enfermeras se ubicaron una a cada lado mío y comenzaron a moverme de un lado a otro. Me agarraron como si yo fuera un rodillo para amasar una tortilla o un pan. ¡Estaba muy asustada! No nos explicaban lo que sucedía, pero entendí que me estaban moviendo así para tratar de desenredar el cordón umbilical. Mi mamá preguntaba qué estaba ocurriendo, y yo casi gritaba: «¿Qué está pasando, Omar? ¡Dime!». Omar estaba ido, ni siquiera podía hacer uso del habla. De pronto, el doctor pareció haber tomado una decisión cuando exclamó: «Viene una contracción». En ese momento Omar me dijo: «Argelia, viene una contracción; puja con todo lo que puedas, ahí viene la buena». Yo sabía que algo andaba mal, entonces fijé mi vista en la Virgen de Guadalupe, que la tenía frente a mí, y mientras pujaba con toda mi fuerza grité: «¡Virgencita de Guadalupe, ayúdame por favor!». ¡Y la saqué con fuerza! Yo lloraba y lloraba, porque sentía que la niña no iba a nacer viva. Sin embargo, cuando escuché su llanto, entonces empecé a llorar por lo que había logrado. Luego se la llevaron a una camita, Omar fue con ella y el doctor terminó de trabajar conmigo. Mi mamá era un mar de lágrimas y yo no paraba de llorar; todavía estaba en shock diciendo: «¡Díganme que la niña está bien!». Omar se acercó para calmarme: «La bebé está perfecta y es preciosa». Después, Omar me trajo la niña y viví un instante sumamente hermoso. Sentí algo muy fuerte y le agradecí a la virgencita porque, en ese momento, entendí y sentí la presencia de Dios.

A las 10:57 p.m. del lunes 23 de marzo de 2009, Camila Velasco Atilano nos regaló su presencia en este mundo. A la mañana siguiente, el sobresalto había quedado atrás y todo pasó a ser alegría y celebración. Temprano, desde el hospital, Omar se encargó de darles la noticia a los radioescuchas, quienes oyeron el llanto de Camila grabado por él la noche anterior. Contó al aire algunos detalles de la experiencia en el parto, y nuevamente llovieron las felicitaciones de oyentes y artistas. Estábamos viviendo las primeras señales de nuestro nuevo rol como padres, un importante cometido repleto de cambios y retos desconocidos.

De regreso a casa ya éramos papá y mamá, aprendiendo día a día cómo desenvolvernos con tantas novedades en el hogar. Entretanto, el *show* debía continuar. A Omar se le ocurrió hacer un estudio en la casa para que Argelia transmitiera reportes mientras transcurrían las seis semanas de permiso postnatal que había pedido. Un ingeniero de la estación instaló el equipo necesario, y nosotros apostamos a que las transmisiones serían un éxito.

> Fue muy difícil, lo hicimos un par de veces y no funcionó. Cuando Omar me decía: «Prepárate que te voy a llamar en cinco minutos para salir al aire», yo no podía, porque estaba amamantando, o me tenía que bañar, o precisaba hacer cualquier otra cosa con Camila. Y Omar se frustraba. Además, cuando lográbamos conectarnos, surgían muchas distracciones: me llamaba mi mamá o la niña lloraba. Otras veces, Omar decía al aire: «Queremos escuchar a la niña». Y ella estaba muy tranquila, así que no le podía dar un pellizco para que llorara. Para mí fue difícil. No era lo mismo que estar en la cabina de K-Love. Sentía que no estaba ni en mi casa ni en la radio. No funcionó.

Argelia no tardó en darse cuenta de la rapidez con la que transcurría ese período de mes y medio de permiso, y sintió la necesidad de extenderlo. No obstante, ya resultaba imposible. Muy pronto llegó el momento de salir juntos de madrugada hacia la radio, contando con el apoyo de la mamá de Argelia, quien se mudó con nosotros. Sin embargo, Camila aún se despertaba de noche cada tres o cuatro horas y se alimentaba de la leche materna.

> ¡Cuánto lloré durante noches seguidas! Cuando Camila me despertaba con su llanto debido a que tenía hambre o por cualquier otro motivo, yo lloraba con ella. Solo pensaba: «En dos horas me tengo que levantar». Y Omar dormido, roncando... Yo lo miraba y sollozaba aún más. A veces era la una de la mañana y estaba despierta. Observaba el reloj y me decía: «Esto no es justo, porque yo también tengo que ir a trabajar». Resultaba muy frustrante, así que me iba a mi clóset o al baño a llorar. Sin embargo, nunca lo hice pensando

que era desdichada; lloraba porque quería dormir y no podía. Era una acumulación de estrés y cansancio.

El nuestro es un trabajo que no nos permite descansar plenamente ni darnos el lujo de tomarnos largos períodos de ausencia, porque el *show* depende de ambos. Muchas veces nos desvelábamos los dos debido a los cólicos incontrolables de Camila. En una oportunidad no dormimos durante la noche entera porque le subió mucho la temperatura, pero a las 4:00 a.m. ya estábamos subiendo al carro para irnos a la radio. Hasta nos sucedió que, con menos de cuatro meses de nacida, una mañana la tuvimos que llevar a la radio con nosotros, ya que la abuela no podía cuidarla ese día; no le avisamos a nadie y la metimos escondidita en la carriola. Afortunadamente, no nos dio lata durante el *show* y resultó una bonita experiencia tenerla en la cabina.

Navegamos ese primer lapso de novatos guiados por nuestras intuiciones y las recomendaciones de la pediatra. Argelia tenía cierta experiencia en lidiar con niños, pues vivió la etapa de crecimiento de sus hermanas pequeñas, pero Omar no había pasado de sostener en brazos a algunos de sus sobrinos.

Como Omar siempre fue muy relajado y tranquilo y no se metía mucho en los asuntos del hogar, cuando nació Camila pensé que me iba a dejar a mí en el papel de mamá y que él desempeñaría su rol de papá trabajador. Sin embargo, cuando la bebé comenzó a sufrir de cólicos, me di cuenta de que estaba equivocada. Yo pensé en aplicarle los remedios caseros que mi mamá me enseñó para los cólicos y le preparé un té de manzanilla a Camila, quien tendría dos meses de nacida. Iba con el biberoncito de manzanilla para dárselo cuando Omar puso el grito en el cielo. Me prohibió rotundamente que le diera el té. Le insistí en que era un remedio casero que ha funcionado toda la vida, pero me dijo: «No me importa, con la niña hay que seguir al pie de la letra lo que diga la doctora. Si la doctora lo aprueba, okay; si no lo aprueba, no lo vamos a hacer».

Y resulta que a la pediatra tampoco le gustó la idea del té de manzanilla. Le restó importancia a los cólicos y aconsejó sobarle el estómago o darle algo que vendían en la farmacia que ella no recomendaba del todo. Omar fue drástico: «Ni té de manzanilla ni el remedio de la farmacia; a la niña hay que sobarle la barriga, cargarla y darle el pecho hasta que se calme».

No hay una guía que te enseñe cómo ser papá o mamá. Y con Camila sí fui un poquito exagerado, porque era la primera vez que tenía que cuidar a un bebé. Creo que más bien fui precavido, ya que quería aprender y vivir las experiencias por mí mismo. Escuchaba mucho a mi mamá y a mi suegra cuando me contaban lo que habían hecho con sus hijos. Sin embargo, en ese momento, se trataba exclusivamente de mi obligación y mi preocupación.

Así, entre errores y aprendizajes, transcurrió nuestro primer año de padres primerizos. No obstante, ni las madrugadas en vela ni el engorroso horario de trabajo nos alejaron de la idea de buscar el segundo embarazo. Estábamos convencidos de la conveniencia de tener hijos con pocos años de diferencia. Por eso, nos pareció fabuloso hacer la tarea durante un viaje a Europa programado para el mes de diciembre. Sin embargo, no resultó a pesar de nuestra insistencia en intentarlo. No se dio en el invierno europeo, pero tampoco en los tres primeros meses del año en Los Ángeles. Ya comenzábamos a preocuparnos cuando, en el mes de abril, la euforia de una celebración entre tequilas dio sus resultados.

Ya me notaba diferente y me daban náuseas cuando me lavaba los dientes, pero ese domingo de mayo, que coincidió con el día de las madres, las náuseas empeoraron. Así que me fui a la farmacia y compré las pruebas de embarazo instantáneas. Ya en casa, me hice la prueba y salió positiva. Yo brincaba de alegría en el baño y le daba las gracias a la virgencita, porque llegué a pensar que tenía algún problema que me impedía quedar embarazada de nuevo. Sentía una emoción enorme, y más aún porque se trataba del día de las madres. No le dije nada a Omar en ese momento porque —de nuevo— quería hacer algo especial para darle la noticia. Decidí que ese domingo no era conveniente, porque no tendría tiempo. Fuimos a misa y luego a la casa de su mamá, donde hicieron la celebración para las madres de la familia, y donde me cuidé de rechazar las margaritas que me ofrecieron.

Al día siguiente después del *show*, ya Argelia tenía programada la sorpresa. Cuando llegamos a casa, ella juntó las veinte pruebas de embarazo que se había hecho durante los cuatro meses anteriores y las colocó dentro de un biberón. Luego, entrenó a Camila para que le entregara el biberón a su papá mientras ella grababa su reacción.

Omar estaba cocinando ajeno a lo que yo había planeado. Como siempre que él cocina, se sentía chef: con musiquita clásica, una copita de vino, un trapito en el hombro y cantando. Ese día estaba cocinando unas albóndigas. Yo comencé a grabarlo y a hacerle preguntas sobre lo que estaba preparando. En un momento dado, salió al jardín a buscar unas hojitas de orégano para el condimento. Aproveché el momento, le di el biberón a Camila y le dije: «Cuando entre papi, tú le vas a dar el biberón». Y Camila, muy obediente, cuando entró Omar con su ramita de orégano caminó hacia él diciéndole: «Daddy» [papi]. Omar agarró el biberón y dijo: «¡Dios mío!». Y sin que yo le dijera nada, comenzó a bailar como un loco, como un niño chiquito, durante tres o cuatro minutos. A mí me dio un ataque de risa. Camila también se reía. Y Omar, bailaba y bailaba. Hasta que me preguntó: «¿Es lo que me estoy imaginando?». Y yo, llorando, le dije que sí, que estaba embarazada. Me dio un beso, me abrazó y abrazó a Camila. Nos abrazamos los tres y juntos comenzamos a bailar.

Hicimos el anuncio oficial en Miami durante el programa *Don Francisco Presenta*. Omar y yo fuimos invitados junto a otros locutores del país para hablar sobre la industria y magia de la radio y fue allí donde decidimos dar la gran noticia. Ni el mismo Don Francisco se esperaba esa tierna exclusiva ya que nunca se lo comentamos a su equipo de producción, y a mis escasos tres meses de embarazo, no se me notaba la pancita. Obviamente, me conmoví demasiado cuando los invitados y un muy sorprendido Don Francisco se levantaron de sus asientos para abrazarnos y felicitarnos; era un mar de lágrimas cuando vi al público de pie. Jamás olvidaré ese momento tan especial en la televisión. A partir de nuestra confesión, nuestros celulares no dejaban de sonar. Familiares, amistades y colegas felices nos llamaron inmediatamente para decirnos que acababan de enterarse por televisión. La reacción de nuestros radioescuchas también fue abrumadora y más cuando Omar gritaba al aire que ahora vendría el *boy*. De entrada Omar le llamó Júnior al futuro bebé, porque siempre pensó que sería un varón. Le hablaba a todos de Júnior y hasta los oyentes comenzaron a llamarlo así. A los tres meses, cuando llegó el momento de conocer el sexo, la doctora le recordó que podía ser niña. Y Omar le respondió: «Oh, no. Va a ser un niño. Usted va a ver».

Yo sentía que Omar estaba aferrado al varón y pensaba: *Mejor que sea niño, porque no sé qué voy a hacer con Omar si es hembra*. Ese día estábamos con la doctora frente a la pantalla a colores, a punto de saber el sexo. De pronto, la doctora dijo: «¡Es una hembra!». Y Omar respondió: «¿En realidad? ¿Está segura?».

«¿Está segura? ¡Revise de nuevo!». La doctora lo hizo nuevamente, y esta vez nos mostró la imagen ampliada de una parte del cuerpecito que eliminaba todas las dudas. La tristeza le duró a Omar solo un segundo, porque luego estaba bien contento.

Pronto, Júnior pasó al inventario de asuntos que hemos puesto en las manos de Dios. Entonces nos enfocamos en tener otro embarazo saludable y compartir los aprendizajes con las oyentes interesadas en las claves de Argelia para mantenerse en buena forma. Ella pasaba largas horas respondiendo numerosos emails de mujeres que preguntaban sobre la dieta y los ejercicios que le permitían mantenerse en su talla y peso de siempre. Fue entonces cuando decidimos realizar un DVD para darles respuesta a todas esas inquietudes, porque además las oyentes se quejaban de no contar con vídeos en español que las apoyaran.

Quisimos hacer algo muy profesional y contratamos a expertos en nutrición y ejercicios físicos como yoga, cardio y baile prenatal. Argelia se involucró de lleno en todos los entrenamientos y el vídeo —realizado durante el séptimo y octavo mes de embarazo— resultó excelente. Adicionalmente, el estiramiento de la pelvis y la relajación aprendidos en el yoga resultaron fundamentales para Argelia durante su propio proceso.

La experiencia del primer parto fue tan traumática que durante la segunda oportunidad estuvimos pendientes del más mínimo síntoma. Tres días antes de dar a luz, Argelia comenzó a sentir que se acercaba el momento, así que acudimos a la revisión con la doctora, pero ella nos devolvió a casa. Faltaba un par de días más. Hasta que llegó la noche en que sintió los dolores anunciando el pronto nacimiento.

Nos fuimos al hospital a las 6:00 p.m. La doctora llegó media hora después y pronosticó que faltaban seis o siete horas más para el alumbramiento. Habíamos tomado la decisión de estar solo los dos en el momento del parto, que sería al estilo Golden Light, con velas y música clásica. Queríamos que la niña naciera en un ambiente de relajamiento y paz. Nada de los gritos, ruidos

y luces que recibieron a Camila. Así que nos llevamos el iPhone
con la música que escogimos, lo conectamos a las bocinitas y
prendimos las velas. Inclusive, vimos tranquilamente una película en la computadora.

Cuando la doctora consideró que ya la niña estaba por nacer,
colocó un espejo frente a Argelia, explicándole que ella tenía que
observar ese momento por ser lo más hermoso que vería en su
vida. Comenzaron las contracciones y solo bastó un impulso para
el momento final.

> La doctora me explicó: «En cuanto la bebé salga, la voy a colocar en
> tu pecho y a dejarla ahí como unos diez minutos para que sienta tu
> calor y permanezca contigo, aunque esté sucia. Eso no importa».
> Ella hablaba con mucha tranquilidad. Cuando vio que la contrac-
> ción venía, me pidió que pujara. Y lo hice con tanta fuerza que en
> ese mismo momento salió la cabeza. Entonces la doctora me pre-
> guntó: «¿Quieres sacarla tú misma?». Yo no podía creer que la doc-
> tora estuviera hablando conmigo mientras veía la cabecita de la
> niña. La doctora insistió: «¡Sácala!». Y no sé de dónde obtuve la
> fuerza, pero me senté, la tomé por sus hombritos y su cabecita, y la
> jalé. ¡Yo misma la jalé y sentí cuando salió! De inmediato me acosté
> y coloqué a la niña sobre mí. Ella empezó a llorar y abrió los ojos,
> pero cuando me vio se calmó. Hicimos una conexión con las mira-
> das y dejó de llorar. En ese momento, fui yo quien comencé a llorar
> de la emoción. Le decía a Omar: «¡Me está mirando a los ojos!».
> Omar comenzó a acariciarla. El parto solo había durado nueve
> minutos. Fue una experiencia mágica; la música seguía sonando, y
> Omar, fascinado, continuaba grabando a la niña. Y esa misma
> noche le di pecho a la bebé, quien nunca se despegó de mí.

A esa hermosura que nació el 5 de enero de 2011 le pusimos
Anabella por decisión de ambos. Es la combinación de dos nombres: Ana, que significa la que está llena de gracia, y Bella, que

representa la belleza. Además, recordamos que el padre Luis Valbuena nos contó que la madre de la Virgen María, y por tanto la
abuela de Jesús, se llamaba Ana, lo cual agregó otro elemento
valioso a favor a la hora de elegir. Anabella, la que está llena de
gracia y belleza.

El nacimiento de Anabella no estuvo rodeado de la algarabía
en la radio como sucedió con Camila. Los oyentes sí estuvieron al
tanto y llovieron las felicitaciones, pero esta vez aminoró la euforia
que provocó Camila, a quien le tocó ser la primera Velasco Atilano en nuestro hogar.

También para nosotros fue muy distinta la experiencia de los
primeros meses de Anabella. Sorpresivamente, con menos de una
semana de nacida, la niña dormía entre seis y ocho horas de noche.
Fue algo maravilloso que achacamos al entrenamiento intensivo
de Argelia en yoga y al apacible parto estilo Golden Light.

> A los seis días, Anabella dormía toda la noche y yo también podía
> descansar sin interrupción. Omar me despertaba para que le diera
> de comer, pues la niña era muy dormilona y debía alimentarse, ya
> que nació un poco baja de peso. Sin embargo, yo estaba muy feliz,
> porque me sentía relajada. Además, esta vez sí me tomé los tres
> meses de permiso en el trabajo, y eso fue una gran diferencia.
> Cuando regresé a la radio, lo hice muy descansada y con mucho
> entusiasmo.

Fue así como, en menos de dos años, comenzamos a amoldar
la vida de pareja a la crianza de dos seres maravillosos, adquirien-
do aprendizajes imprevistos día a día. Paralelamente, experimen-
tamos un vertiginoso cambio en nuestra rutina, que solo quedó
intacta de lunes a viernes de 5:00 a 10:00 a.m. en la cabina de
K-Love.

Tres despertadores nos ayudan a cumplir con el madrugador
horario del *show*. Desde la noche anterior, Argelia es quien

confirma que la primera alarma sonará a las 3:20 a.m. La tiene configurada en su celular, que a su vez guarda en el clóset para verse obligada a levantarse y silenciarlo cuando se activa. Ese primer llamado se dirige fundamentalmente a ella y le anuncia que ya debe entrar a la regadera. Para los casos en que regresa a la cama y cae rendida de nuevo, está la segunda alarma, la cual se activa a las 3:30 a.m. Vuelve a pararse para silenciarla en el clóset, mientras Omar aprovecha un tiempo más de sueño. Sin embargo, muchas veces es el despertador tradicional el que obliga a Argelia a moverse rápidamente hacia la ducha cuando suena a las 3:45 a.m.

> Yo entro primero al baño, porque tengo que arreglar mi cabello y maquillarme. Y a las 4:00 a.m. me convierto en el despertador de Omar. Lo muevo un poco o le digo que ya es la hora, y si no me escucha, comienzo a hacer ruido con los cajones, las puertas o la radio. Siempre enciendo la radio al levantarme, es una costumbre que tengo desde niña. Así que cuando veo que Omar no reacciona, le subo el volumen a la radio.

Durante más de diez años de trabajo, solo en dos oportunidades nos traicionaron las alarmas y fallamos con respecto a ser puntuales en la radio. La más memorable fue aquella mañana cuando a las 5:15 a.m. nos llamó el productor. Escuchamos el teléfono, observamos la hora sobresaltados, y en ese momento nos dimos cuenta de que la noche anterior Argelia se había ido a dormir pensando que había activado los despertadores sin haberlo hecho en realidad. Fue, literalmente, una corredera, saliendo de casa diez minutos después con un susto en el corazón.

Y es que nuestro horario de ir a la cama también varió desde que somos padres, lo cual ha repercutido en el agotamiento físico de ambos. Anteriormente, nos obligábamos a acostarnos entre las 8:30 y 9:00 p.m., pero ahora nunca lo hacemos antes de las 9:30 o

10:00 p.m. Muchas veces no alcanzamos a dormir ni seis horas seguidas.

La de nosotros no es una jornada normal. Y para mí la disciplina es muy importante. Resulta esencial descansar muy bien, porque el *show* requiere y consume mucha energía. Por eso, cuando éramos solteros, impuse la regla de ir a la cama a las 8:00 p.m. De soltero no había mucho problema: tenía mi propio cuarto, cerraba las persianas que instalé para bloquear la luz y me acostaba puntualmente. A las 4:00 a.m. me levantaba después de haber dormido ocho horas seguidas. Sin embargo, luego de casarme y ser papá, todo es diferente.

Son muchos los eventos y las salidas nocturnas que prácticamente están prohibidos para nosotros durante la semana o los domingos. Generalmente, renunciamos a funciones de cine, cenas, estrenos, alfombras rojas, conciertos o cualquier reunión familiar cuya realización roce con las 8:00 p.m. Hemos rechazado invitaciones especiales como la que nos hizo Marco Antonio Solís para festejar el cumpleaños de un amigo mutuo en su hogar un domingo a las 8:00 p.m. Nuestras mañanas en el *show* requieren de gran vigor, y con seguridad no lo podemos lograr con pocas horas de reposo.

En las cinco horas del *show* hacemos un derroche de energía muy grande. Me canso mucho, porque mi trabajo es muy mental. Y cuando termina el *show*, hay que preparar el del día siguiente. Yo le digo a Argelia que nuestro trabajo nunca termina, ya que hay que estar al tanto de las noticias en Internet, ver los noticieros, leer, estar pendientes de todos los programas, los chismes, las noticias. Eso también forma parte de mi trabajo, y es algo que a Argelia le costó entender.

Cuando arrancamos juntos en el *show* y aún no imaginábamos nuestra relación de amor, las rutinas de ambos eran muy diferentes.

Argelia salía de la radio a realizar las notas para la televisión y regresaba a su casa a las 5:00 o 6:00 p.m. Mientras tanto, Omar se iba directo a su casa al terminar el *show* y ya a las 10:30 a.m. estaba tomando una siesta, algo que le parecía muy extraño a Argelia. Al pasar el tiempo, cuando nos casamos y aún no había niñas de por medio, se dio la misma situación. Argelia continuaba con sus notas para la televisión y, cuando llegaba a casa entre las 3:00 y 4:00 p.m., encontraba a Omar muy cómodo en el sofá.

> Yo llegaba cansada y le preguntaba: «¿Qué has hecho?». Y él siempre respondía: «Dormir». Entonces le decía que se fuera al gimnasio, o que se dedicara a otro proyecto, a algo productivo. Hasta que un día me dijo: «¿Qué sucede? Yo estoy despierto desde las 3:30 a.m., ya trabajé y esta es mi hora de descansar». A mí se me olvidaba que ya habíamos trabajado todo un turno y cobrado el salario del día. Como yo era muy activa, no me detenía a pensar que Omar tenía razón: ya madrugamos y ya trabajamos. Omar se desconectaba del trabajo, pero yo no; yo seguía como el conejito de Energizer.

Llegó un momento en que el cansancio nos dominó a ambos y caímos en cuenta de que la falta de sueño estaba repercutiendo en nuestro humor, propiciando discusiones innecesarias. Así que se nos ocurrió implementar un sistema de siestas alternas: un día Omar tomaba la siesta al llegar del trabajo y otro día lo hacía Argelia; o también durante una hora seguida lo hacía Argelia y al despertar le tocaba el turno a Omar. Sin embargo, el sistema estuvo condenado al fracaso casi desde su inicio.

Mientras seguimos fluyendo con la dinámica del *show*, nuestro hogar vive ritmos diferentes a medida que las hijas van creciendo. No obstante, hay algunas rutinas que se mantienen sin mayores variaciones. Por lo general, a menos que tengamos algún compromiso imprevisto en la radio, llegamos a casa entre las 12:00 p.m. y la 1:00 p.m., después de asistir a las juntas y transitar por el tráfico de Los Ángeles. Argelia es la encargada de ir al supermercado, porque solo ella sabe escoger las verduras y carnes que más le convienen a la dieta de todos nosotros, y además es la que cuida el presupuesto destinado a la comida. Por el contrario, los intentos de Omar haciendo mercado han resultado muy costosos y de baja calidad nutricional; definitivamente, este no es su fuerte. De lunes a jueves, entre 4:00 y 5:00 p.m., Argelia entra a la cocina, y para las 6:00 p.m. cenamos juntos. Mantenemos una regla: los viernes, sábados y domingos no se cocina la cena en casa debido a que aprovechamos para salir en familia o asistir a eventos familiares. Algo que sí disfrutamos demasiado es tomar nuestro cafecito en casa el fin de semana, prepararles el desayuno a las niñas y sentarnos juntos a la mesa, comer y platicar.

> Recojo los platos, los enjuago, los pongo en el lavaplatos y limpio la estufa todos los días, porque no puedo irme a dormir con la estufa y la cocina sucias. Limpio la mesa y a veces hasta barro. Y todo eso lleva su tiempo. En minutos, ya son las 7:00 p.m. Mientras tanto, Omar mira los *shows* en la televisión y luego me dice lo que está pasando, porque yo no puedo verlos. A esa hora baño a las niñas, les pongo las pijamas, les doy su vaso de leche y la última merienda, les lavo los dientes, y les leo dos cuentos a cada una. Eso me lleva otra hora. Miro en el reloj que son las 8:00 p.m. y digo: «En una hora ya tengo que estar en mi cama», pero muchas veces no sucede así.

Los dos ejercemos papeles muy específicos en el hogar, como si tuviéramos dos grandes departamentos: el del funcionamiento y el del mantenimiento de la casa. El funcionamiento está a cargo de Argelia: que tengamos comida, que la casa se vea bonita y limpia, y que la ropa esté lavada.

> A mí me gusta hacer las cosas yo misma. Muchas mujeres me preguntan si limpio mi casa o si lavo los excusados con el cepillo. Con

mucho orgullo y sin pena alguna les digo que sí. No miento cuando les aseguro que llegando a casa me quito los tacones, me desmaquillo, me hago un chongo en el pelo y a limpiar. Yo lavo, cocino y limpio toda mi casa. Desde que tengo uso de razón, hago los quehaceres del hogar como me enseñó mi mamá. Hay una señora que contratamos para que cada quincena venga y limpie los ventiladores, las ventanas y haga la limpieza profunda que yo no alcanzo a hacer. Sin embargo, recoger y los quehaceres del día a día son cosas que las hago yo. No obstante, si queremos tener una vida un poquito más balanceada y mayor tiempo de calidad con las niñas, y si el trabajo nos lo permite económicamente, consideraremos buscar alguna ayuda en la casa. Porque sí estamos muy cansados.

El otro departamento, el del mantenimiento, está en manos de Omar. Él supervisa las labores de conservación de la casa en cuanto a la jardinería y la piscina; reemplaza los focos que se dañan; y gestiona las reparaciones de las alarmas, el teléfono o el cable. Además, fundamentalmente, tramita el papeleo de los pagos fijos, la contabilidad, las gestiones de los impuestos y los seguros de los carros.

Siempre le digo a Argelia que al final del día todo es de los dos, así que soy muy abierto con las finanzas. Esa es mi función, mi aportación en la casa. Y, por otro lado, a veces le he dicho: «Tu mamá vive con nosotros, pídele un poquito más de ayuda». No obstante, a Argelia le da pena molestarla después de cierta hora. Y lo entiendo, porque mi suegra cuida a las niñas desde que nos vamos a las 4:00 a.m., manteniéndose pendiente de ellas la mayor parte del día. Sin embargo, a veces le digo: «Si estás tan cansada, pídele a tu mamá que duerma a las niñas para que tú puedas irte a acostar más temprano», pero nunca lo hace, ya que Argelia siente que ese es su deber como madre. Yo también estoy con ellas de noche, les leo los cuentos de las princesas y hasta les interpreto los personajes. Aun así, muchas veces, sobre todo Anabella, solo quiere lavarse los dientes o ponerse la pijama con su mami.

Sabemos que este tiempo de ciertos sacrificios tiene un final. Las niñas van creciendo y llegará el momento en que no van a necesitar ayuda para prepararse a fin de dormir. Por eso, Argelia no quiere privarse de estar con las chiquitas durante esas horas de la noche, más aún cuando no puede compartir con ellas al amanecer.

Los fines de semanas tratamos de dedicarnos a las hijas. El domingo para nosotros significa familia. Generalmente desayunamos en un restaurante que nos gusta mucho y de ahí nos vamos a misa. En la tarde, si no hay una invitación de algún familiar, nos gusta ir al centro comercial o a ver una película en el cine. En cambio, los sábados se dividen entre la limpieza profunda del hogar y alguna actividad fuera de casa; hay ocasiones en que salimos muy tarde por la obsesión de Argelia por limpiar y lavar todo lo que no pudo durante la semana.

Es que yo crecí con esa costumbre. Desde que éramos muy pequeñas, mi mamá nos decía a mis hermanas y a mí: «¡Es sábado, niñas, a limpiar la casa!». Para mí, el sábado no se hacía otra cosa que limpiar toda la casa, organizar los cajones, hacer inventario... y en la tardecita, nuestra recompensa era ir a la calle a comprar un helado. Ahora que tengo niñas, estoy viendo que repito el mismo patrón. Y digo: «No, no, no es correcto...». Sin embargo, también me digo que no puedo salir a la calle con cosas faltando por hacer en la casa. Omar se molesta con toda la razón. Él prefiere que al levantarnos los sábados salgamos a un parque, a una playa o a dar un paseo con Camila y Anabella.

Lo cierto es que, así como ellas van creciendo, también va aumentando el tiempo que demandan de nosotros a fin de apoyarlas en las tareas de la escuela y los cursos especiales, que por ahora son las clases de arte, natación, tenis, baile y piano. A Anabella ya le está gustando el baile, así que pronto la lista crecerá en cuanto a los horarios y períodos de dedicación de nuestra parte.

Estamos conscientes del largo camino que tenemos por delante en lo que respecta a la crianza de nuestras hijas, pero también nos gusta mirar hacia atrás y corroborar los aprendizajes recibidos. Hemos coleccionado anécdotas matizadas de emotividad, aunque también de humor y ocurrencias.

Hay cosas que Omar no sabe y que las voy a contar por primera vez en este libro. Sin embargo, voy a aclarar algo: no hay nada que yo haya hecho con las niñas que no lo haya consultado primero con él. El cuento es que, cuando Camila tenía dos meses de nacida, el mejor amigo de Omar se iba a casar y organizaron la despedida de soltero durante un fin de semana en Las Vegas. Para ese entonces, la niña sufría de unos cólicos terribles que la mantenían llorando. Yo pensé que Omar no iba a ir a Las Vegas para no dejarme sola con esa situación de la bebé. No obstante, se fue. Mi mamá no podía quedarse conmigo, así que para no sentirme sola, le pedí a Lorenita, una sobrinita de diez años, que me acompañara. Ese viernes, Camila fue una verdadera tortura: lloró todo el día y toda la noche con los cólicos, y el sábado amaneció igual. Entonces, el sábado en la tarde, me dije: «Omar está en Las Vegas y lo que pasa en Las Vegas se queda allá. Así que lo que pase aquí también se va a quedar aquí». Luego le pedí a Lorenita que no le dijera nada a su tío de lo que iba a hacer, me fui a la cocina, y preparé un té de manzanilla, poniéndole además azúcar para que le gustara más a Camila. Lo dejé enfriar y le di el biberón a la bebé. ¡Santo remedio! Como a las dos horas de tomar el té, se quedó profundamente dormida y nosotras también pudimos dormir. Cuando le conté a mi mamá lo que había hecho, lo primero que dijo fue: «No le digas a Omar, porque se va a enojar». Claro, él se negaba rotundamente a que le diéramos té de manzanilla a Camila, porque la doctora no lo aprobaba. Sin embargo, la verdad es que funciona, como toda la vida ha funcionado. Cuando Omar regresó, le dije que la niña ya no tenía cólicos, y en efecto se le quitaron. No los tuvo más.

Además de las discusiones por el té de manzanilla, también habíamos tenido discrepancias cuando contemplábamos la posibilidad de darle un chupón a Camila para calmar su llanto nocturno. Omar se manifestaba completamente reacio al uso del chupón, mientras que Argelia lo consideraba como una probabilidad.

Sin embargo, quien se levantaba a calmar a la niña en la noche era yo. Habían pasado como dos semanas en las que no podía dormir por los llantos, y además tenía que madrugar para trabajar. Así que una noche, tratando de calmar a Camila, me dije: «Lo siento, pero necesito dormir». Fui al cajón y agarré un chupón de los tantos que me habían regalado y lo esterilicé. Era como la 1:00 o 2:00 a.m. Estaba muy decidida, aunque también pensaba: «Si le gusta el chupón, ¿qué voy a hacer? ¿Cómo le digo a Omar?». No obstante, la realidad era que me sentía agotada de cansancio y Omar estaba dormido. Me acuerdo muy bien de la carita de Camila cuando le puse el chupón en la boca, y de cómo lo agarró inmediatamente y dejó de llorar. Al día siguiente, le dije a Omar: «Sé que dices que no, pero mira esto». Le mostré a la niña, quietecita con el chupón en la boca, y él dijo: «¡Ah, esto es magia!». La bebé estaba como si toda la vida hubiera tenido un chupón. Omar no se molestó mucho. Además, se veía rechula con su chuponcito, que decía «My Daddy» [Mi papi].

Hubo otro asunto que provocó diferencia de criterios entre los dos, y esta vez fue Argelia la que se negaba a ceder. Alrededor de los dos años de edad, Camila tenía miedo de dormir sola y llegaba a nuestra habitación de madrugada. Abría la puerta y se quedaba parada ahí, como pidiendo permiso. Intuyendo que Argelia no estaba de acuerdo en que se pasara a la cama con nosotros, la niña ponía una carita dulce y decía: «Daddy, daddy», como pidiendo permiso. Omar no dudaba en decirle que se acercara, entonces la niña corría y se subía a la cama por su lado.

> Yo sabía que no íbamos a dormir, porque se movía como un remolino y pateaba, pero era incapaz de decirle que no. Argelia se enojaba, o a veces se iba al cuarto de su mamá a dormir. Pienso que las niñas siempre ganan, siempre nos ganan.

Hoy en día, podemos decir que Argelia es quien imparte la disciplina. Camila y Anabella lo perciben así, porque cuando quieren algo que se sale de lo normal, se lo piden directamente a Omar. Y es que Argelia les ha impuesto horarios y reglas, sobre todo para las comidas y los juegos tecnológicos.

> Cuando hacen una travesura, les cambio mi tono de voz. Ellas ya saben que mami está *upset* [molesta] cuando mi tono dulce se transforma en uno lleno de firmeza. Les digo: «Hay una gran diferencia entre *upset* y *angry*. *Angry* es estar brava». Entonces les digo que no estoy brava, sino que estoy molesta. Y jamás les digo que estoy decepcionada. Cuando ellas notan mi cambio de voz, lo único que saben es que mami no está feliz en ese instante. Sin embargo, a veces la situación se sale de control, más que nada en el caso de Anabella. Camila es una niña noble y obediente, pero Anabella tiene un carácter más fuerte y es impulsiva. Ella se rebela, grita, tira la comida al piso, y me ha dicho literalmente: «I don't like you» [No me gustas]. Cuando llega a ese punto, Omar toma cartas en el asunto, y cuando lo hace, eso quiere decir que el problema escaló a otro nivel. Y las niñas lo saben.

El método de Omar consiste en levantar el tono de su voz acompañado de un «¡Basta!», el cual tiene efecto de inmediato, pero jamás les ha dado una nalgada. Ambos sabemos que las nalgadas no están en nuestro modelo de disciplina. Quizás a otros padres les ha funcionado, pero nosotros no lo contemplamos en absoluto.

También estamos de acuerdo en que las niñas sepan desde ya que papi y mami trabajan mucho para mantener un nivel de vida, pero que no les vamos a regalar todo lo que a ellas se les antoje. Las consentimos mucho, pero a la vez les ponemos reglas.

Cuando vamos a las tiendas, a veces les compro lo que me piden, pero en otras ocasiones me toca ser estricta. Si se les antoja un juguete, les digo que no y se ponen medio tristonas. Es cuando aplico la disciplina y les pido que, llegando a casa, escojan un juguete del cuarto de juegos para donarlo a un niño que no tiene juguetes. Esa es la condición para poder comprarles uno nuevo. Ellas van al cuarto, lo rastrean, se rascan la cabeza, y generalmente no saben cuál juguete regalar. A veces escogen una pelotita o algo muy insignificante, y yo les digo que no: «Tiene que ser uno que te gusta, pero que sabes que al donarlo va a hacer feliz a otro niño». Les enseño con esto a ser generosas y compartir con los demás. También les enseño lo que significa un día especial en sus vidas. Por ejemplo, Camila estuvo todo un verano pidiendo cierto juguete y yo le dije: «El último día de tu escuelita, te voy a llevar a la tienda y puedes comprar el que tú quieras». Siempre me preguntaba: «¿Cuántos días faltan?». Yo le enseñé a entender el calendario y ella sabía que se iba acercando ese día especial.

En un momento dado tuvimos algunos roces en cuanto a permitirles a Camila y Anabella el acceso a la tecnología. Específicamente, el iPad nos confrontó y nos mantuvo en posiciones opuestas. Por razones de trabajo, cada uno de nosotros tiene una de estas tabletas, así que las niñas han estado doblemente expuestas a su uso desde que nacieron.

Yo soy de mente abierta en cuanto a la tecnología. Mientras más temprano tengan ese contacto, para mí es mejor. Me encanta que Camila ya sepa manejar el iPad. Ella se sabe los códigos, abre los programas, dibuja, hace rompecabezas y ve sus caricaturas. Poco a poco ha ido explorando sola, y yo le coloco aplicaciones que la motivan y la hacen pensar. Mira mucho los mapas y entra en una aplicación que le permite viajar por el mundo entero. ¡Ya conoce dónde quedan algunos países! Y todo eso lo aprendió en la tableta. Desde que tenían dos años me gustó enseñarles la tecnología, por eso ya saben usar la computadora del escritorio. Ellas solitas la encienden, abren el programa de escribir y lo usan. Por supuesto, todavía no escriben nada, pero ya conocen cómo usarlo. Y eso es lo que a Argelia le costó tolerar.

Como era de esperarse, Argelia finalmente entendió y aceptó que nuestras hijas pertenecen a la generación de la tecnología y que se nos haría muy difícil aislarlas de ese mundo. Sin embargo, en este renglón también mantiene la disciplina, estableciendo horas y un tiempo predeterminado para su uso. Y siempre buscamos un balance entre las actividades al aire libre y la distracción frente a la pantalla. Por eso, cuando escogimos la casa que queríamos comprar, un elemento de peso fue el jardín: tenía que ser lo suficiente grande para que ellas puedan correr y montar bicicleta. La norma es que todos los días salgan a jugar afuera, ya sea en el jardín de la casa o en el parque cercano.

En cuestiones culturales, queremos que Camila y Anabella sepan que sus raíces son mexicanas. Yo aprovecho cada oportunidad para resaltar esto. Ellas comen sopas de fideos, que es algo muy típico de la familia mexicana, y las niñas lo saben y les gusta. También, cuando es día internacional o el cinco de mayo, aprovecho para vestirlas con trajes mexicanos muy auténticos y que se sientan orgullosas de sus colores. Eso lo hemos logrado. A ellas les encanta decir que sus vestidos son de México y que sus abuelitos también son de allá. Igual sucede con la música: les gusta escuchar mucha música en inglés, pero también les pongo música en español, para que sepan qué es lo que oyen mami y papi. En cuanto a las telenovelas —que también forman parte de la cultura mexicana— las niñas no las ven, pero saben que mi mamá sí lo hace cuando está en casa. Y además, cuando viajamos a las playas de México, les pido que hablen español.

Como pareja, tenemos la fortuna de compartir la misma religión: somos católicos. Y desde muy pequeñas nuestras hijas aprendieron a rezar nuestras oraciones. Están acostumbradas a que cada noche antes de dormirnos rezamos el Padre Nuestro y el Ave María, y les damos gracias a la Virgen y al niño Jesús. ¡Hasta pedimos por las perritas que tenemos de mascotas!

En las mañanas, mi mamá reza con ellas, pero de forma muy diferente a como lo hago yo. Ella les pide arrodillarse en la cama y juntar las manitas. Yo rezo con ellas sentadas en la cama, o a veces acostadas; lo importante es que ya saben que eso es parte de nuestra tradición familiar. También, cuando vamos a la iglesia los domingos, las niñas entienden que van a estar calladas durante una hora o una hora y media, y cuando ven la imagen de la Virgen o de Jesús, quieren rezar. Esa es una señal de que vamos por el buen camino, inculcándoles los valores y las costumbres de la familia tradicional mexicana.

Ciertamente, nuestro hogar nos da muchos motivos para estar agradecidos y mantener vivo el amor. Aunque estemos en medio de tribulaciones, siempre encontramos razones que nos motivan a seguir adelante. Y en definitiva, ambos actuamos de buena fe en busca de la felicidad familiar.

Los aprendizajes llegan día a día, y seguramente aumentarán a medida que nuestras hijas crezcan en edad. Sin embargo, no queremos hacer ejercicios de futurología pensando en las situaciones que se presentarán cuando ellas estén grandes. En las ocasiones que lo hemos hecho, no nos ha funcionado. Como la vez aquella en que Argelia llegó tarde a casa después de trabajar en un proyecto y Camila no corrió a recibirla como siempre.

Todos los días, cuando regresamos del trabajo, las niñas corren hacia la puerta, brincan y nos abrazan. Camila es tan detallista que hasta me dice: «Me encanta tu vestido, o me encanta ese color en ti». Ese día yo llegué, entré a la casa, donde todo estaba en silencio, y encontré a Camila en la oficina viendo algo en el iPad. Me acerqué y le dije: «Camila, estoy aquí, llegó mami». Y ella solo contestó: «Hi» [Hola]. Y siguió enfrascada en lo que estaba haciendo. Me fui a mi recámara, me cambié, me puse más relajada y volví a ir a la oficina a decirle: «Camila, mami está aquí, ¿no quieres darme un abrazo y un beso?». Y ella replicó: «Oh, mom, hi». Entonces me molesté y la regañé: «¿Sabes qué? No me gusta tu actitud». Le quité el iPad y le dije: «No me gusta que estés tan concentrada en el iPad, ya son las seis de la tarde y no debes estar en esto». Camila se levantó y se fue hacia su cuarto sin decir nada. Yo fui detrás de ella y le pregunté: «¿Por qué me dejas hablando sola? No me gusta que no respondas. Tienes que decirme hola. ¿Qué estás viendo en el iPad?». Y me contestó de muy mala gana. Fue cuando, de repente, la visualicé con quince años de edad y me dije: «Dios mío, así va a ser cuando yo llegue y la vea en el teléfono hablando con el novio». Me adelanté en el tiempo y me inventé toda una novela sobre la mala relación que iba a tener con mis hijas. Fui hacia ella y le hablé: «Mi amor, yo soy tu mamá y soy tu mejor amiga, y tú dijiste que siempre me ibas a querer y hacer caso». Empecé a llorar y Camila se me quedó mirando sin reaccionar.

Entonces pensé que no era un buen día, y de inmediato me fui al clóset de mi cuarto a llorar. En ese momento, entró Omar, le conté lo que había pasado, y él se empezó a reír. Yo le argumentaba: «Omar, se supone que esta es la edad en la que somos todo para ellas; imagínate cómo va a ser en diez o quince años». Y le comencé a explicar cómo sería una escena en un futuro. Omar lo primero que me dijo fue: «Ni creas que vas a ser la mejor amiga de Camila. Tú no eres su mejor amiga, ni eres su amiga. Tú eres su mamá». ¡Y eso me dolió! Yo insistí: «Además de mamá, también quiero ser su mejor amiga; ella siempre me ha dicho que yo soy su *best friend* [mejor amiga]». Y Omar me repitió: «Nunca serás su mejor amiga». Todavía lloro cuando pienso en eso.

A pesar de nuestras jornadas locas y apretadas, sentimos que estamos disfrutando de la vida hogareña lo más que podemos. La madrugadora agenda del *show* nos aporta una ventaja: nos permite estar muchas horas del día en casa cuando no hay otros proyectos de por medio.

El trabajo me lo ha permitido, pero también yo he tomado la decisión de estar con mis hijas el mayor tiempo posible. Podría ser un papá que llega a casa y luego se va con los amigos o a donde sea. Sin embargo, en mi caso no es así. Quiero estar con las niñas. Me ha tocado presenciar todos sus momentos importantes: ver sus primeros pasos, escuchar la primera palabra que pronunció Camila que fue «allá», y la primera de Anabella que fue «ball» [pelota]. He vivido momentos memorables con ellas, y ha sido por decisión propia.

Aunque el amor es el mismo, tenemos estilos muy diferentes a la hora de compartir con las hijas, no solo porque papá es papá y mamá es mamá, sino debido a que nuestras propias personalidades también se imponen. En un principio, cuando Argelia tenía que estar fuera de casa debido a sus proyectos en la televisión, tuvimos muchas desavenencias. Preocupada porque no se escapara ningún detalle, Argelia se cuidaba de dejarle a Omar todo perfectamente listo para el cuidado de las niñas, es decir, la ropa y la comida con las instrucciones sobre lo que tenía que hacer en las distintas horas hasta que llegara el momento de acostarlas a dormir, tal como se suele hacer con una *babysitter* o niñera. No obstante, la diferencia estaba en que, al regresar a casa, Argelia encontraba a las niñas en pijamas, sin bañarse ni peinarse, y un descomunal desorden en la cocina.

> Por fin me di cuenta de que tenía que perder esa batalla, porque al final del día, ellas están con su papá, ¿y qué mejor persona con quien dejarlas? Ahora me fascina cuando me toca trabajar el fin de semana y Omar se queda con las niñas, porque es el papá siendo papá. Entendí que él no es como una niñera. Y las niñas ya saben que con papá van a tener un día de juegos y a comer *snacks* o meriendas. Por eso siempre compro cosas saludables, porque sé que Omar les va a dar todo lo que ellas pidan de comer. Ya no dejo nada listo, y sé que cuando regrese a casa, van a estar como su papá quiere. ¡Y se la pasan bien!

La idea de tener un hijo varón siempre ha estado presente, pero también es cierto que nos coloca ante muchas disyuntivas. En un momento dado, la ginecóloga nos habló de un método que asegura el sexo del bebé. Nos explicó que es un proceso puesto en práctica por un especialista que hace una suerte de inseminación invitro, utilizando el semen y los óvulos de los padres.

> De repente me ilusionó mucho ese sistema. Y le dije a Omar: «Si queremos el niño y deseamos ir a lo seguro, esto es lo que tenemos que hacer». Sin embargo, Omar dijo: «No. No podemos jugar a Dios». Y me pareció correcto. Yo también pienso que Diosito sabe por qué hace las cosas; él sabe por qué hizo que mi mamá tuviese cuatro hijas, y también sabe por qué a nosotros nos han tocado dos niñas. Hay un futuro que simplemente desconocemos.Creo firmemente que cada persona que viene a este mundo tiene una misión, un propósito, y si parte del propósito es ser hija o hijo, eso hay que dejarlo en manos de Dios. Si yo tuviese un problema de fertilización, entonces

no me importaría acudir a la ciencia. Aplaudo mucho la ayuda de la ciencia cuando las mujeres no pueden embarazarse de manera natural. Pero, en este caso, yo estoy bien saludable, Omar también, y se me hace que es ir un poco en contra de la voluntad de Dios.

Estamos de acuerdo en que todo lo que nos ha sucedido en poco más de una década ha sido perfecto. Durante los tres años de noviazgo pudimos viajar y vivir a plenitud nuestro amor; un año después de casarnos, Argelia quedó embarazada por primera vez; y ahora seguimos manteniendo la pasión y la fuerza para criar a Camila y Anabella en el hogar estable que se merecen. Con seguridad, lo que vendrá más adelante también será perfecto.

# ～𝒳 3 ⅔〜

# SIEMPRE GANA EL AMOR

HEMOS REFLEXIONADO MUCHO SOBRE NUESTRA historia como pareja y colegas de la radio, dos realidades conectadas profundamente al punto en que se desdibujan en una sola. Encontramos subidas y bajadas en el camino recorrido, pero siempre ha habido un denominador común: todo lo hemos hecho gracias al amor que sentimos el uno por el otro. Ese amor ha ido cambiando y transformándose con nuestras vivencias a lo largo de los años, pero nunca ha dejado de estar ahí. Simplemente ha fluido y se ha reflejado de manera diferente para mantenernos unidos en su magia.

Claro que durante nuestro noviazgo —cuando solo los dos éramos testigos de lo que vivíamos— la pasión nos envolvía en un torbellino que parecía no tener fin y que se prolongó hasta nuestros primeros meses de casados. Eran tiempos de arrebatos desenfrenados y hasta de juegos infantiles como el de las escondidas en aquella enorme casa a la que nos mudamos después de la boda.

¡Jugábamos a las escondidas desnudos! Yo aún no conocía bien la casa y se me olvidaban ciertos lugares. Era muy divertido, pero nunca podía encontrar a Omar. Hasta me asustaba y en algunos momentos lloraba, y era entonces cuando Omar salía de su escondite. Una vez se metió debajo del fregadero del cuarto de lavar. Yo jamás iba a pensar que entraría en un lugar tan pequeño, debajo del tubo del fregadero. Nos divertíamos mucho. Sin embargo, eso ya no lo podemos hacer, y tampoco tenemos el tiempo ni la energía.

Hay una realidad que no podemos ocultar: el cansancio físico nos ha llevado a sacrificar parte de esa gran pasión, por lo que ahora los días de semana prácticamente se limitan al trabajo y el quehacer en el hogar con las niñas. A menudo, los amigos nos preguntan: «¿Y ustedes cómo hacen para tener intimidad?». Pues, muchas veces de lunes a viernes, tenemos que escoger entre dormir o tener momentos íntimos, porque nuestro horario en la radio es muy difícil. Y eso de dormir cinco o seis horas diarias no nos ayuda, pues el agotamiento generalmente se sobrepone al frenesí.

Sin embargo, recientemente hemos agarrado otro ritmo. Quizás porque las niñas ya no entran de noche en la recámara como lo hacían antes, cada una en su momento.

Estamos arriesgándonos un poco más, siendo algo más aventureros y animándonos durante la semana, a pesar de sacrificar un tiempo de sueño. Aún estamos jóvenes y sabemos despertar esa pasión que conocemos.

Yo le digo a Omar: «No estamos viejos, simplemente estamos cansados debido a nuestro horario en la radio». Ahora siento que, poco a poco, estamos dedicándonos más tiempo como pareja, porque Anabella y Camila ya están creciendo, y según la pediatra eso es muy normal. Cuando los niños llegan a tener entre cinco o diez años, la pareja vuelve a reencontrarse. Cada vez que voy a la pediatra, me hace una pregunta: «¿Cómo están Omar y tú?». Y me explica: «Ya casi están terminando la etapa en que la pareja pasa a segundo plano. Eso es muy normal. Debido al estrés, las preocupaciones y los horarios, el cuerpo no responde».

En este momento de nuestra relación hay otras sensaciones que tienen tanta importancia como la pasión. Y sin importar la que sea, el amor siempre está liderando nuestros pasos.

Siento una nueva admiración por Argelia: la admiro como mamá y como profesional. El amor cambia, pero al final del día sigue siendo amor. Pase lo que pase, voy a luchar primero por mi esposa y después por mis hijas. Porque si Argelia y yo estamos bien, lo demás va a estar bien. Siempre se lo digo: «Si tú y yo estamos bien en el trabajo, en la casa, en lo personal, todo lo demás va a estar bien». Por eso trato siempre de esforzarme por Argelia. Cuando nos casamos, el padre nos dijo: «Los hijos van a llegar, pero se van a ir. Argelia, Omar es tu prioridad. Omar, Argelia es tu prioridad». Y eso nos lo recordamos muy seguido. Para mí, el amor es luchar y es sacrificio. El amor es bonito, pero para lograrlo tienes que trabajar mucho. Sin embargo, vale la pena.

Lo que nunca imaginamos cuando comenzamos nuestro noviazgo es que, a la vuelta de unos pocos años, nos convertiríamos en un punto de referencia para muchas parejas. Y eso representa una gran responsabilidad, porque no somos ni la pareja ni la familia perfecta. No obstante, todo fue fluyendo solito, sin un propósito predeterminado de pasar a ser un modelo para los oyentes.

Cuando me enamoré de Omar y anunciamos que nos íbamos a casar, me dije que solo pasaría dos años trabajando juntos en la radio, ya que la pregunta del millón que me hacía todo el mundo era: «¿Cómo vas a hacer para trabajar con tu marido?». Por eso pensaba que dos años serían suficientes, y que luego me dedicaría de lleno a la televisión. Aun así, sin proponérmelo, la radio me atrapó. Sin embargo, debo admitir que en mi cabeza y mi corazón muchas veces surgió la idea de que ya no podía trabajar más con Omar. Y me decía: «Cuando termine el contrato, no lo renuevo; voy a hacer mi propio *show* a mi manera». No obstante, cuando reacciono de una forma impulsiva o con un arranque de coraje, lo que más me funciona es dejar que pase un par de horas, que cada uno haga algo por su lado, y que finalmente Omar me tome de la mano. Cuando Omar me toma de la mano, es como si todo volviera a la normalidad. ¡Es magia! Y Omar lo sabe. Es algo muy sencillo: solo basta que me tome la mano para saber que estamos bien y que se trató de un arranque. Al momento, estamos otra vez como si nada. Lo importante es que nuestras desavenencias siempre han sido por cuestiones de trabajo. El matrimonio nunca se ha tambaleado, y eso quiero que lo sepa el mundo. Porque cuando participé en el *reality* «Mira quién baila», se corrió el rumor de que nos íbamos a divorciar. Y por primera vez sentí lo que es vivir envuelto en difamaciones.

Para nosotros es gratificante que durante más de once años muy rara vez hayamos entrado a la cabina de K-Love estando enfadados. Nos entusiasma que a pesar de lo complicado de nuestro trabajo, ni un solo día nos hemos sentido desdichados.

Sabemos que hay parejas que mantienen una imagen de felicidad solo por dinero, y soportan porque hay contratos millonarios de por medio. Sin embargo, no es así en nuestro caso. Estamos juntos en la radio porque lo queremos, porque lo sentimos como vital.

Ya terminamos el ciclo de diez años juntos en el *show*, y seguiremos adelante al menos hasta el final del actual contrato; simplemente viviremos el día a día, sin adelantarnos a hacer conjeturas.

Hay días llenos de flaquezas y dudas en los que digo: «Esto simplemente no es normal. ¿Qué estoy haciendo con mi esposa?». Nos desgastamos de más y discutimos por cosas innecesarias. Es mucho el sacrificio de la pareja por mantener el programa que tenemos. No obstante, cuando la miro, entonces digo: «¿Sabes qué? Es la pareja». Dentro de mí, sé que lo que hacemos se debe al amor que nos tenemos. No nos da pena decir y admitir que todo esto no ha sido nada fácil. Hemos vivido momentos muy fuertes, de mucha flaqueza y mucho miedo. Pero sí, debe existir un gran amor. Es que no hay otra razón. No es por dinero, no es por mantener una imagen, no es por mantener un estatus. Es porque a mí me gusta mucho lo que hago con mi esposa. Sí es cierto que hay días en que discutimos, pero el momento pasa y siempre gana el amor.

Porque es precisamente el amor lo que nos da la fuerza y el empuje para la gran preparación y concentración que requiere nuestro *show*, algo que Omar no pierde de vista como líder del equipo. Él es sumamente exigente y particular en su forma de trabajar, al punto de que otras colegas, que han llegado a sustituir temporalmente a Argelia, se intimidan.

Y es que la magia que nos envuelve como pareja ha pasado a ser la clave del éxito del programa. Sin embargo, esa magia no es algo que nos quitamos y nos ponemos cuando entramos y salimos de la cabina de K-Love. Es genuina y nos sentimos dichosos de vivirla.

Yo sé que cada persona tiene su historia de amor, y no le voy a quitar mérito a ninguna historia, pero debo admitir que estoy muy orgullosa de la relación que tenemos Omar y yo. Estoy muy enamorada de mi historia de amor. Estoy muy enamorada de mi matrimonio, de mi esposo y de nuestras hijas. La verdad es que en este punto de mi vida, estoy enamorada de la vida que tengo. Inclusive, no sé si es normal sentir tanta paz y armonía. Siento que no me hace falta nada más. No lo quiero decir mucho en voz alta, porque sé que la realidad para otras personas no es la misma, pero de verdad siento mucha paz y armonía con lo que tengo. Como decimos en inglés: «It's too good to be true» [Es demasiado bueno para ser verdad].

Pienso que esto se debe a que rezo y platico mucho con Dios. Constantemente, durante todo el día, estoy agradeciéndole y ayudando a la gente a mi manera, sin decirlo. He ayudado a muchas personas sin que Omar se entere, porque siento que no debo pregonar mi intento de ser un buen ser humano. La verdad es que, desde niña, he sentido que estoy protegida. Un momento muy difícil que viví durante mi infancia fue cuando mi mamá y mi papá estaban peleándose tan fuertemente que pensé que esa noche me iba a quedar huérfana de los dos. Yo tendría unos siete años, y en medio de la pelea, empecé a rezar y a rezar sin parar junto a mi hermana Oralia. Entonces, en medio de mi llanto y mi pánico, de pronto presencié la imagen de la Virgen de Guadalupe en la pared de nuestro pequeño cuarto. El impacto fue tal que me quedé como alucinada. Aquella enorme y bella imagen que duró plasmada un par de minutos me hipnotizó, y entonces sentí que todo estaba bien y que nada malo iba a pasar. Los golpes y gritos de mis padres se desvanecieron mientras mi hermana y yo seguíamos abrazadas. Desde ese momento, cuando estoy en medio de algo muy fuerte, siento la presencia divina, ya sea de mi virgencita, de Dios, o de nuestro señor Jesucristo. No hay un solo día en el que no esté rezando. También pienso que si recibes bendiciones, tienes que regresarlas ayudando a otras personas. Las bendiciones con bendiciones se pagan. Constantemente, mi vida ha sido así. Quizás por eso siento paz y armonía. Y claro que sí he tenido momentos de preocupación y mucho estrés al grado de que me brotaron los famosos *shingles* o culebrilla, un sarpullido doloroso en la piel, pero nunca he llegado al borde de perder la cabeza. Gracias a que llevo a Dios en mi corazón, siempre sé que mañana va ser un día mejor.

Cuando hemos hablado sobre la sensación de quietud y calma en Argelia, sale a relucir la mente ocupada de Omar, esa que no le permite despejarse de preocupaciones, una situación recurrente que él atribuye a la naturaleza masculina.

A mí me gusta pensar en todas las posibilidades que hay cuando se presenta una situación, ya sea mala o buena. Para que Argelia se sienta cómoda y con esa paz interior, creo que mi trabajo consiste en preocuparme. Y está bien, porque he sido así desde niño. Siempre he tenido un nivel de estrés que a lo mejor no debería tener. No obstante, creo que eso es lo que me hace competitivo, lo que me hace diferente, lo que me hace como soy. Trato de mirar siempre hacia el futuro, tener una visión y ver todas las opciones que hay. Es cierto que existe un camino central, pero también hay saliditas. Esa es mi forma de pensar. Me siento cómodo siendo como soy. Y cierto nivel de neurosis me ayuda a ser el locutor que soy. Cuando estoy al aire, mi nivel de neurosis se multiplica por quince.

Sin embargo, estar junto a Argelia, Camila y Anabella se convierte en un mecanismo efectivo para eliminar de su mente muchos pensamientos agobiantes. Esos son sus verdaderos momentos de sosiego, los que disfruta a plenitud y lo recargan de energía.

¡Omar es tan divertido, tan chistoso, cuando está en paz y armonía! Baila, dice cosas graciosas, y todo se le refleja en la cara. Es el Omar que a mí me fascina. Cuando de repente hace sus bailes de patito, canta, o dice burradas, ese es el Omar en el zen, flotando... En esos momentos no existe la cuenta que hay que pagar, no piensa que su papá se encuentra enfermito, o no están presentes sus hermanos con sus dilemas. Porque Omar es de las personas que se preocupa demasiado por todo. Siempre prometí no meterme en los asuntos de su familia, pero hubo un punto en el que las preocupaciones eran tantas que su colesterol se disparó como nunca antes y tuve que romper mi promesa. Sin decirle nada, me comuniqué con toda su familia y les expliqué que Omar estaba anímica, emocional y físicamente mal. Les hice un llamado para que no lo dejaran solo, porque en ese momento se sentía solo. No fue un reclamo, sino les pedí ayuda. Y ese llamado fue muy bien recibido por toda la familia. Yo quiero verlo contento, feliz, brincando, contando chistes, porque disfruto a mi marido así. Quiero vivir más de esos días para que las niñas también los gocen a plenitud.

Nos amamos tal como somos, sin intentar cambiar los aspectos más débiles del otro. Claro que Argelia quisiera ver a Omar haciendo alguna actividad física para mejorar su salud, y a Omar, a su vez, le encantaría que Argelia no lo sermoneara tanto. No obstante, los dos estamos de acuerdo en que nos queremos como somos en realidad. Y en compensación, buscamos la manera de apoyarnos: cuando uno está abajo, el otro lo levanta, y viceversa. Esta es una herramienta que hemos aplicado intuitivamente, porque nunca hemos asistido a un consejero de pareja.

Es cierto que hemos pasado por experiencias significativas para acoplarnos el uno al otro en el trabajo. Sin embargo, afortunadamente, las diferencias fuertes que hemos tenido nunca se han dado en la vida diaria como pareja, sino en la emisora como colegas.

Aunque, después de tantos años trabajando juntos, esas divergencias se han aminorado, quizás porque Omar ahora es más flexible al imponer su liderazgo, o porque Argelia finalmente logró aceptarlo.

Pienso que en los últimos años he cambiado mucho, porque llegué a comprender que esos conflictos profesionales podían afectar lo personal aunque no lo quisiéramos, y podían llegar a desgastar la relación de pareja. Si hubiéramos tenido algún problema personal, no habríamos llegado hasta aquí. El 99.9% de las broncas que hemos tenido han sido por cuestiones de liderazgo en el *show*. Yo conozco a la radio y la audiencia. Trato de llevar el *show* siempre por un lado, pero de repente Argelia quiere ir por el otro. Le digo que no lo haga, y ella lo hace de todas formas. Ahí va escalando y escalando el problema, hasta que explotamos. Las veces que hemos seguido enojados hasta tarde nos vemos obligados a resolver lo que tengamos que resolver antes de ir al aire al día siguiente. Eso es lo maravilloso.

Nunca hemos discutido ni hemos reflejado nuestros altercados profesionales al aire. Para nosotros, el micrófono tiene la capacidad de neutralizar cualquier *impasse* o callejón sin salida, por difícil que este sea. No obstante, los productores del *show* sí han sido testigos de esos días de debilidad en los que ambos hemos alzado la voz para defender nuestras posturas.

Voy a confesar algo que sucedió en una oportunidad. Ese día yo tenía una presentación fuera de la radio, como tres horas después del *show*, y me sentía muy presionada. Realmente no me acuerdo por qué peleamos, pero me molesté mucho con Omar estando en la cabina. Él se levantó, aventó los audífonos y salió. Me molesté mucho. Agarré mis cosas, desenchufé mis audífonos y le dije: «Si vamos a seguir así, creo que hasta aquí llego yo, no voy a poder seguir trabajando contigo». Estábamos en un descanso en la mitad del *show*. Yo me fui, y Omar no me detuvo, solo se quedó mirándome. En ese momento, no pensé ni en mi contrato ni en la responsabilidad con el público; en ese momento era Argelia Velasco Atilano molesta con su esposo. Por lo general, cuando a mí me afecta algo durante las horas del *show*, me voy al baño, lloro, cuento hasta diez, me lavo la cara, voy a la cocina y saludo a la gente. Y eso me funciona. Sin embargo, aquella mañana no fue así. Antes de irme, fui a la oficina y le escribí un correo a la jefa diciéndole que me iba, que no me sentía bien, pero no le dije por qué. Subí al carro, manejé, y escuché el *show* que estaba haciendo Omar solito, sin mí. Parecía muy contento, contando sus chismes y chistes. Y yo pensaba: «No me extraña, ni siquiera me buscó, ni siquiera insistió. No puedo creer que se esté riendo, divirtiéndose, después de lo que pasó». Me fui al evento que tenía programado y al terminar me encontré un montón de llamadas perdidas de Omar y otro montón del jefe, del gerente, que estaba furioso. Entonces me dije: «Creo que ahora sí que nos van a correr por mi berrinche». Porque realmente fue un berrinche, lo reconozco.

Lo interesante es que ahora ninguno de los dos podemos recordar el motivo que originó aquel altercado; así sería de insignificante. Con todo, eso no nos eximió de la junta que tuvimos al día siguiente con el jefe, Jaime Jiménez, en su oficina. Nos sentíamos como dos niños regañados ante el profesor. Él quería saber cuál era el problema que había entre los dos, y nos habló con palabras firmes, como lo merecíamos.

Nos miramos a los ojos y le contamos la verdad. Luego yo le expliqué que sentía mucho haber dejado el *show*. Y me regañó, me dijo que eso era motivo de un memorando y un reporte a recursos humanos para que lo pusieran en mi récord. Me sentí muy apenada con él, con la empresa y con el público. Los radioescuchas no merecían eso, a pesar de que no se dieron cuenta de lo sucedido, ya que Omar comentó al aire que yo me había enfermado. Finalmente, la conversación con Jaime Jiménez fue muy aleccionadora. Aún recuerdo sus palabras: «No sé cómo lo hacen, yo no podría trabajar con mi esposa; pero sea lo que sea, jamás pueden irse y dejar el *show* al aire». Después, prácticamente se convirtió en nuestro terapeuta.

A veces, mantenemos opiniones encontradas sobre algunos temas del día que tratamos al aire, pero eso es algo que ayuda a enriquecer la dinámica del *show*. Sería muy aburrido que los dos pensáramos siempre lo mismo. Últimamente, Argelia ha aprendido a sostener sus posiciones con mayor firmeza y eso le gusta al público, sobre todo a las mujeres. En sus inicios, se dejaba llevar por los argumentos de Omar y terminaba opinando igual que él. Hasta nuestra jefa se enojaba y le pedía que mantuviera su posición hasta el final.

No obstante, también he aprovechado el micrófono para mi ventaja, para quejarme indirectamente de ciertas cosas de Omar, aunque a él no le guste que haga eso. Un día decidí plantear esta queja al aire: la mujer que trabaja fuera de casa tiene que preocuparse de todo, hasta de tender la cama antes de salir de casa, y el hombre no es considerado con esa situación. A Omar no le gustó ese comentario, pero llovieron las llamadas al aire de mujeres que se identificaban con esa misma situación. Fue un tema que generó muchos comentarios, y hubo hombres que llamaron para decirle a Omar que es necesario ayudar a la mujer en la casa cuando ella también trabaja. Admito haber aprovechado el micrófono para quejarme.

Y aunque no ha llegado a significar un pleito, Omar no está de acuerdo en que se ventile este tipo de quejas en el *show*, porque siente que Argelia describe a un Omar que no es el real.

A veces, Argelia pinta a un Omar que le vale gorro todo, y que llega a la casa y no mueve un dedo. ¡No! Yo también tengo mis labores, tengo mis cosas que hacer, mi sistema de funcionamiento. Me molesta que se tome esa libertad y aproveche para mandarme un mensaje subliminal: «No te sientes en la cama a ponerte los zapatos, porque la acabo de tender». Y digo: «¡Dios mío santo! ¿Qué es esto?». Para mí el programa se trata de entretener. Yo nunca me he quejado de ella o he dicho algo sobre su persona al aire que me moleste. Claro, es difícil, porque no tengo mucho de qué quejarme.

Aquí tenemos una graciosa divergencia. Argelia piensa que Omar la describe como regañona y gritona cuando le cuenta al público —a su manera— cómo ella le habla en la casa: «¡Omaaaaar, saca la basuraaaa!».

> Salimos del aire y le digo: «¿Por qué me imitas así?». La gente va a pensar que soy una bruja, que soy un ogro en la casa contigo. Porque hay señoras que dicen: «Pobrecito Omar». Y eso no es verdad. ¡Yo no soy así!

No hay ningún misterio ni falsedad en cuanto a nuestras personalidades. No obstante, tal vez Argelia es quien más se parece en la vida real a lo que su voz refleja en la radio. Ella es espontánea, dicharachera y muy sociable. Omar fuera de la cabina es callado, reservado y tímido, bastante diferente al locutor de 5:00 a 10:00 a.m.

Precisamente, Argelia se sorprendió al descubrir al Omar taciturno durante uno de nuestros primeros viajes como novios. Fuimos a Sacramento a grabar los comerciales de una campaña para ahorrar energía eléctrica, y durante todo el viaje Omar estaba como en su propio mundo, sin pronunciar palabras.

> En ese viaje a Sacramento hubo un momento en el que sentí que Omar era una persona un poco aburrida. No me contaba chistes, no me hacía reír, no era coquetón ni estaba jugando. Pasamos como dos días así. Ya en varias oportunidades le había pedido que me hablara, que me dijera algo. Entonces, en un momento dado, cuando le volví a preguntar, creo que se hartó, estalló y me respondió: «Déjame en paz. El *show* es de 5:00 a 10:00 a.m., y este soy yo. ¿Qué piensas? ¿Que tengo una radio en mi boca?». Me lo dijo tan enojado, como si le hubiera colmado la paciencia. Fue cuando me dije: «Yo creo que esto no va a funcionar, porque quiero un hombre divertido las veinticuatro horas, alguien que me haga reír». Me hizo pensar si estaba enamorada del locutor que me hacía reír o de la persona callada que él era fuera de la radio. Y Omar me aseguraba: «Los dos son la misma persona, pero a mí no me pagan para hablar después de las diez».

Como siempre, las situaciones varían dependiendo del cristal con el que las miremos. Para Omar, hubo momentos durante nuestra etapa de noviazgo en los que Argelia le resultó sumamente parlanchina.

Me acuerdo de un viaje que hicimos por carretera para pasar el fin de semana en Las Vegas. Ese es un recorrido de cuatro o cinco horas, y Argelia no paraba de hablar. Como a la segunda o tercera hora le dije: «Oye, mi amor, ¿no te quieres dormir un ratito?». Se enojó tanto que me dejó de hablar por tres días. Y eso tampoco me gustó, porque tenemos un balance: yo soy el callado y reservado, y ella es la dicharachera y la que habla. Siempre le digo a Argelia que si las veinticuatro horas del día soy como en la radio, yo mismo me voy a volver loco, y yo mismo me voy a caer gordo. Cuando prendo el micrófono en la cabina, algo pasa conmigo. Simplemente me convierto en esa persona, y actúo como tal. Soy muy analítico, me gusta mucho observar, me encanta observar a la gente. Siempre le he dicho a Argelia: «Nuestro trabajo no es contar chismes. No. Nuestro trabajo es observar y comentar». Yo observo lo que está pasando a mi alrededor para que me alimente y al día siguiente me sirva para sacar el *show* al aire. No obstante, soy la misma persona. A mí me encanta entretener, me encanta hacer reír a la gente, me encanta emocionar. Si digo algo, me gusta provocar una emoción, ya sea buena o mala, pero provocar algo. Me encanta eso. De 5:00 a 10:00 a.m. mi cerebro funciona a mil por hora, pensando en tantas cosas que salgo cansado, y cuando termino estoy agotado mentalmente. A veces, Argelia no lo entiende. ¡Ella solo quiere que la haga reír!

Con el pasar de los años, Argelia ha entendido que Omar derrocha tanta energía en el *show* que, al terminar, necesita recogerse dentro de sí para llenarse de más energía y continuar al siguiente día.

La verdad es que yo tengo menos responsabilidades que él, porque Omar, además de ser el capitán del barco, el que lleva el liderazgo y la iniciativa, es quien prende y apaga el micrófono. Está todo el tiempo pensando en el contenido. Yo he estado sola varias veces cuando él se ha tomado días libres y mi dinámica cambia: tengo que controlar también la música, lanzar audios, tomar llamadas y saber cuánto dura el bloque de comerciales, y cuántos minutos tengo para ir al baño, y cuándo va a entrar la llamada del concurso. Entonces me doy cuenta de todo lo que Omar planifica aparte del contenido, mientras que yo nada más me enfoco en el tema y las redes sociales. Tengo que hacerme cargo de dos o tres cosas a la vez, pero Omar tiene veinte mil cosas que atender al mismo tiempo. Es cuando me quito el sombrero y digo: «Yo no podría estar siempre del lado que le corresponde a Omar». Y entiendo por qué está abrumado mentalmente. Sí, claro que lo entiendo.

El carácter retraído de Omar también sale a flote cuando surge algún problema de pareja entre nosotros. Si hay una situación incómoda, de inmediato Omar se encierra en sí mismo. Y justamente esto fue lo que inquietó a Argelia en nuestros primeros años de relación.

Si no me siento a gusto, me encierro, y sé que eso molesta mucho a Argelia. Ella trata de buscarme, trata de hacer que me abra y le hable, pero mientras más lo intenta, más me encierro. Sin embargo, creo que he mejorado mucho, porque al principio era muy terco. Aunque sigo siendo callado, ahora me comunico más y si tengo un problema, se lo digo. Hay ciertas cositas que suceden con mis padres que prefiero guardármelas para no molestarla mucho. Le digo solo lo necesario. No obstante, como ella me conoce tan bien, me busca y me encuentra.

Creemos que vamos por buen camino en cuanto a mantener una excelente relación de pareja. Resulta necesario entender y aceptar al otro sin querer cambiarlo, y muchas veces sacrificar creencias y opiniones para darle cabida a nuevas opciones a la hora de afrontar la realidad. A la larga, hemos visto cómo cada uno ha ido cediendo y cambiando conductas en beneficio propio y de ambos.

Poco a poco fui entendiendo su manera de ser. A mí me gusta hablar las cosas que suceden en el momento; si veo que algo anda mal, prefiero hablarlo ya. He aprendido a controlarme en esto y a darle a Omar su espacio, porque entendí que a veces él no esta listo para conversar. Y al final, siempre termina contándome todo, pero tiene que ser a su ritmo. Entonces, en el momento en que quiero tocar cierto tema, ya sé cuándo debo hablar y cuándo no. En eso hemos mejorado bastante. Antes yo asumía y él asumía, y a veces dejábamos pasar mucho tiempo, así que de repente descubría en mí algo de resentimiento. Pero ya no. Cuando hay algo que tiene que platicarse —sobre el hogar, el dinero, la familia, un problema con él, de su salud o la mía— lo hablamos. Es lo que le decimos a la gente que hagan, entonces, ¿cómo no hacerlo nosotros mismos?

Y mientras superamos los obstáculos, buscamos fórmulas para dedicarles más tiempo a Argelia y Omar, a la relación de pareja. Pasamos muchas horas juntos durante el día: trabajamos uno al lado del otro y después del *show* estamos en la oficina al menos un par de horas en reuniones; luego llegamos juntos a casa y seguimos juntos con las niñas. Somos colegas en la radio, somos pareja, somos papi y mami, somos socios en los negocios que hacemos fuera de la profesión, hablamos de finanzas, hablamos de economía, de las hijas, de la escuela, y llega el momento en que decimos: «Espera un momento, ¿cómo está Argelia y cómo está Omar?».

Nos entusiasmamos pensando en ir al cine juntos, caminar por la playa o tener una cena romántica, pero la rutina y el cansancio durante la semana prevalecen. Como sucedió durante un tiempo en que decidimos dedicar los lunes al salir del trabajo para ir al cine y comer en algún restaurante. Era nuestra cita, un espacio para nosotros solos, los lunes al mediodía. Sin embargo, las niñas comenzaron la escuela y tuvimos que decirles adiós a nuestras salidas semanales.

A mí me fascinaría una cita romántica con Omar los viernes en la noche. Llegar a mi casa, descansar un rato, dormir una siesta de una hora, y luego irme a cenar con él. O ir al cine, a una fiesta, un bar, un lugar bonito. Eso para mí sería fascinante, algo así como si dijera: «Completé la semana, ahora quiero desconectarme, ¿y qué mejor que con mi marido?». También me gustan las sorpresas, pero ahora no puedo planear sorpresas para él. Y él tampoco lo hace para mí. ¿Cómo lo voy a sorprender con una cena romántica en algún lugar si para hacerlo tendríamos que pensar primero en las niñas?

Y aquí estamos ahora, mientras escribimos este libro, estudiando la mejor coyuntura para buscar una niñera que cuide a Anabella y Camila, y así poder disfrutar de las salidas en pareja que tanto nos gustan. Por lo pronto, sentimos que el trabajo que nos une es una manera más de alimentar nuestro amor.

Nuestro trabajo le añade amor a la pareja, pues lo que hacemos en la radio lo considero como «mi tiempo con Argelia». Platicamos de tantas cosas como si estuviésemos en casa. Esas cinco horas del *show* las asumo como si estuviera con mi esposa; y es que realmente estoy con mi esposa. Platicamos de todo, de lo que está pasando en el cine, el mundo del espectáculo, las noticias, y tocamos temas acerca de la familia. El *show* me parece una terapia. Por eso no me preocupo en el sentido de estarme alejando de Argelia. Al contrario, me siento muy cerca de ella. Me preocuparía si ella tuviera otro trabajo durante la mañana y yo tuviera el mío, y no hubiese una conexión y todo se limitara a papi y mami. Pero las cinco horas del *show* son parte de nuestra conexión.

En ocasiones, cuando nos dicen que parecemos tener una vida perfecta, reflexionamos y pensamos que a lo mejor sí la tenemos. Nos gusta tanto lo que hacemos que muchas veces nos parece que no estamos trabajando, porque amamos el trabajo y encima nos amamos los dos. Todo lo que transmitimos por la radio es real. Es cierto que estamos juntos mucho tiempo, ¿pero será por eso mismo que quizás no necesitamos tiempo adicional fuera de nuestra rutina?

Hoy en día hay muchas parejas que no se ven durante todo el día. Cada uno pasa el día en su trabajo, llega cansado y hasta enfadado, así que muchas veces cuando se encuentran no se miran con gusto, o a lo mejor apenas se hablan. En nuestro caso, convivimos toda la mañana, conversamos, nos reímos y la pasamos muy bien. Pienso igual que Omar: nuestro trabajo nos ayuda en nuestra relación de pareja. En ese sentido, sí es como nuestro *reality show*, o un *show* de la realidad al aire, porque lo que decimos y sentimos no forma parte de un guion.

Sin embargo, cada uno de nosotros tenemos actividades para disfrutar espacios de soledad, Omar sin Argelia y viceversa. Aunque nos encanta ir al cine juntos y con las niñas, Omar disfruta cuando ve una película sin compañía alguna. Aprovecha los momentos en que Argelia lleva a las pequeñas a sus clases de piano o arte, y se va muy contento y solo al cine. Ya Argelia ha aprendido a aceptar lo que en un principio la sacaba de onda.

Omar no me avisa cuando va a ir al cine. A veces me dice: «Esa película está muy buena», y es cuando me entero de que fue a verla solo. Ya entendí que le gusta ir solo y que ese es su espacio. No obstante, al principio, cuando no me avisaba y me enteraba, me sacaba de onda. Encontraba los boletitos en las camisas, o como sucedió en una oportunidad, mi hermana lo vio solo en el cine. A ella se le hizo chistoso y me envió un mensaje de texto: «Aquí está Omar solo en el cine, ¿por qué no viniste con él?».

¡Simplemente, porque no me invitó! Bueno, ahora digo que si es algo que él disfruta hacer, pues que lo haga. Es su momento y su tiempo.

Argelia, siendo fiel a su decisión de dedicar un tiempo para ella misma, se las ingenia y cumple con los horarios de sus clases de yoga y pilates, y hasta se da masajes o se hace faciales al menos una vez al mes. Es su manera de desconectarse de la rutina y entrar en relajamiento total por unas horas.

Hubo una temporada en la que sufría de insomnio todos los días. Sentía que había muchas cosas en mi cabeza y que necesitaba desconectarme. Entonces me hice miembro en un estudio de yoga y me aburrí. Luego dije: «Yo siempre he sido muy activa, pero ahora también me aburre el gimnasio y levantar pesas, quiero intentar algo nuevo». Y así fue como le di una oportunidad a lo que llaman *pilates reformer*. La única ventanita que tengo para ir a estas actividades es entre 12:00 y 1:00 p.m. que es cuando las niñas están en el colegio. Puedo asistir cuando mucho dos veces por semana, y a veces me veo forzada a cancelar mi clase porque algo importante surge, ya sea en el trabajo o la casa. Cuando eso sucede, me duele no ir. Para mí es muy importante dedicarme ese tiempo.

Nuestra realidad también nos impide una vida social activa. Nos limitamos a asistir a las celebraciones de la familia de ambos y a uno que otro evento de la radio. Las salidas con los amigos son muy esporádicas, porque poco a poco las ocupaciones nuestras y las de ellos nos han alejado.

Después de nuestro matrimonio, los tres mejores amigos de Omar venían a casa a jugar *poker* todos los jueves, algo que era del agrado de Argelia, ya que se trataba de una noche en la que ella no cocinaba. Los amigos traían comida y se dedicaban a la baraja mientras Argelia veía televisión en la habitación. Esto se repitió cada jueves en la noche durante los primeros cinco años de casados, pero dejaron de jugar cuando comenzaron a hacerse padres. Por otro lado, las amigas de Argelia están tan ocupadas como ella; todas son madres y viven muy lejos de nosotros, y ni siquiera se ven para tomarse un café.

Con tan poco tiempo para pasarlo solos y una limitada vida social, es poco probable entonces que surja una escena de celos entre los dos. Consideramos que no somos celosos, aunque Omar piense que Argelia simplemente no lo demuestra.

En nuestra época de novios, Argelia salía de noche con las amigas y yo me iba a dormir tranquilo. Nunca la llamé, ni le mandé textos, porque nunca he sentido celos. No sé si eso es bueno o malo. Dicen que celar es querer. Sin embargo, yo estoy profundamente enamorado de ella y nunca he sentido celos. Argelia no hace escenas de celos, pero a veces cambia su tono de voz o su mirada. Yo me río, porque la verdad es que nunca le he dado motivos. Realmente nunca se ha presentado la oportunidad de que me interese otra chica. Trabajamos rodeados de chicas y chicos guapos, pero ese no es un tema de preocupación para mí.

Compartimos las claves de la computadora, de los correos electrónicos y los celulares. Si llega un mensaje de texto al teléfono de uno, el otro tiene la potestad de revisarlo sin problema alguno. No hay cabida para secretos.

En varias ocasiones encontré tarjetas de presentación de una *real state* o agente de bienes raíces en los bolsillos de los pantalones de

Omar cuando los revisaba para lavarlos. Admito que sentí algo
extraño y pensaba: «¿Por qué aparecen a cada rato las tarjetas de
esta mujer?». Entonces confronté a Omar: «Oye, quiero platicar
contigo. ¿Quién es esta mujer?», y le mostré la tarjeta. Omar soltó la
carcajada. Resulta que era una agente con la que estaba haciendo
algunas transacciones y que luego conocí. Su pareja era otra mujer.
Pienso, mientras me río, que no fue un ataque de celos, sino de
preocupación.

A pesar de tanta compenetración, en distintas oportunidades
hemos pensado separarnos profesionalmente y que cada uno tenga
su propio trabajo. Sin embargo, al final del camino llegamos a la
misma conclusión: juntos tenemos una mejor propuesta y hacemos un equipo especial, somos más fuertes, funcionamos mejor,
logramos un resultado superior y lo saboreamos más. No obstante,
lo que nos hace fuertes no es estar uno al lado del otro, sino el amor
que existe entre los dos. Eso nunca lo perdemos de vista.

Cada vez que planeamos algo, lo concebimos con la participación de ambos. No podríamos imaginar este libro ni hubiese sido
una realidad si no estuviéramos involucrados los dos, al igual que
sucede con todos los proyectos futuros que tenemos en mente. Por
ahora, tenemos mucho que ofrecer en la radio, y mientras nos den
la oportunidad de seguir frente al micrófono, lo vamos a hacer...
pero juntos.

Hubo una oferta de otra empresa interesada no en Argelia ni
en Omar. Estaba interesada en Omar y Argelia juntos. Querían la
historia, querían la pareja, la dinámica y la audiencia de Omar y
Argelia. En la radio, nunca ha llegado una oferta en la que quieran
a Argelia nada más. Y a Omar tampoco le ha sucedido. Incluso en
los comerciales ya los clientes quieren a la pareja. Nos llegó una
oferta bastante tentadora y la contemplamos, pero lo interesante
es que querían esta magia de Omar y Argelia. La gente afuera —ya
sean radioescuchas, familias o empresas— quiere a la pareja.

Tenemos que sacarle provecho a lo que Dios nos ha dado. Es una bendición, pero también una gran responsabilidad.

Al pensar en nuestro futuro profesional, siempre consideramos la evolución de la radio como industria. Creemos que, a la vuelta de diez o quince años, este medio se va a convertir en algo diferente por completo a lo que tenemos ahora. En realidad, ya está cambiando drásticamente. Hoy en día, cualquier persona con un micrófono y una computadora puede tener una estación de radio por Internet. Los locutores están dándoles paso a los presentadores de contenidos. Y el público también consume la radio de una manera diferente; el radioescucha cada vez menos se sienta en su coche para establecer una conexión con el locutor.

Y también contemplamos otra realidad: en la radio surgen nuevos talentos, nuevas voces. Estamos preparados para aceptar la culminación de nuestro ciclo, admitir y respetar el momento en que nuestro tiempo pase, y saber cuándo debemos abrirle el camino a una nueva generación de talentos. Se trata de armarnos de valor, no de sentirnos viejos, pero también de saber cuándo cumpliremos una etapa y cuándo llegará el momento de ir hacia nuevos senderos profesionales.

Me acuerdo ahora de cuando empecé a trabajar con Pepe Barreto en K-Love y yo era la más joven de todos los locutores. Me comparaba con todos y me sentía una bebé. Entonces pensaba: «Tengo toda una vida por delante aquí». Ahora, esos locutores ya no están. ¡Ni uno solo! Y yo estoy llegando a una etapa en la cual muy pronto voy a decir: «Ya llegó a la emisora una nueva jovencita con más hambre y más sueños, una Argelia en sus inicios». Le voy a tener que dejar ese espacio, mi micrófono. Y me va a doler. Conociéndome, seguro voy a llorar al decir adios.

Por eso, para nosotros fue muy significativa la despedida de Larry King de su programa de entrevistas en CNN en el año

2010. Crecimos viendo a Larry King en la pantalla, presenciamos cómo cubrió muchos eventos y entrevistó a miles de personas de todas las áreas, convirtiéndose en un personaje clave en la vida de todos nosotros. Así que se nos grabó en la mente el momento en que se despidió en vivo de su *show*. Cuando estaba terminando de pronunciar sus palabras de adiós, la cámara se le fue acercando y las luces se fueron apagando. Al final solo quedó el micrófono. Estábamos en el sofá, frente al televisor, y Argelia comenzó a llorar mientras le decía a Omar: «Así estaremos tú y yo algún día».

> Yo siempre he dicho que a los cincuenta años me retiraré de la radio, de estar al aire, de ser locutor. Quiero irme bajo mis propios términos y desde ahora planeo mi despedida, porque sería un dolor muy fuerte para mí que un día cualquiera me digan: «Hasta aquí». Por eso, planifico que a los cincuenta, yo mismo y bajo mis propios términos, daré gracias ante el micrófono y me dedicaré a otra cosa. A lo mejor dentro de la misma industria, quizás pase a ser programador o dueño de una radio. ¡Qué se yo! Sin embargo, en mi mente tengo desde ya el momento en que voy a decir: «Este es mi último *show* y hasta aquí llego». Porque, en nuestra industria, de repente uno pregunta dónde está fulano y te dicen que ya no está. Y es cuando me cuestiono: «¿Por qué no lo dejaron despedirse?». La gente quiere saber qué pasó con esa persona, pues la audiencia ha pasado años escuchando a un locutor y de pronto ya no está. Me imagino que es muy doloroso. Por eso, a los cincuenta le digo adiós al micrófono, con o sin Argelia.

También hay locutores que deciden tomar otro rumbo y le avisan a la empresa con antelación, pero en la mayoría de los casos no les permiten hacer su último *show* y despedirse. Debe ser muy difícil, porque los locutores nos debemos al público. Ahora, a través de las redes sociales, puedes dar la explicación y un agradecimiento, pero eso nunca tiene el mismo efecto que la comunicación directa con el público.

Como empecé haciendo televisión, quisiera terminar en televisión. Quiero regresar, pero tengo que ver cómo lo puedo balancear. Necesito buscar un horario y una oportunidad que me permitan también estar involucrada en la vida de las niñas conforme ellas van creciendo. En cinco años van a estar todavía en la primaria y a requerir más tiempo mío en las actividades y las tareas. Estoy pensando qué hacer, ya sea televisión con un horario más cómodo, o algo completamente fuera de la radio y la televisión, quizás trabajar en un negocio que Omar y yo pongamos y que nos permita estar con las niñas en un horario normal. He aprovechado todos estos años para madrugar y madrugar y madrugar, porque cuando las niñas lleguen a esa edad donde piden la presencia de mamá y papá, quiero estar ahí.

Durante un tiempo pensamos que, al cumplir los diez años al aire, íbamos a cerrar el ciclo del *show*. Nos parecía una etapa perfecta para pasar a otros proyectos. Sin embargo, por alguna razón, llegamos a los diez años y sucedieron cosas maravillosas. Ahora nos hemos expandido a otros mercados y la gente sigue respondiendo. Nos ganó el cariño de la empresa que aún nos quiere, y nos ganó el público que sigue fuerte en los índices de audiencia. El *show* de Omar y Argelia agarró otro aire, y algo se renovó en nuestro espíritu.

A veces quisiéramos tener una bola de cristal con el poder de anunciarnos el mañana. No obstante, eso se lo dejamos a Dios, pues él sabe cuál es el mejor plan para nosotros. Y cuando nos sentimos algo desorientados, visitamos al padre Luis Valbuena —el mismo que nos casó y bautizó a nuestras niñas— quien posee una gran sabiduría.

Un día, platicando con el padre Valbuena sobre nuestro futuro, le comentamos el temor que sentimos de llegar a un punto en el que nuestra relación se desgaste, porque estamos todo el día juntos. Y él nos dijo: «Ustedes hacen un trabajo que le agrada a Dios. Sin saberlo, están siendo utilizados por Dios, ya que ven por el matrimonio y la unión, cosa que no muchos hacen. Ustedes son un ejemplo sin proponérselo». Esas palabras nos motivaron mucho para seguir. Que sea la misma vida la que se encargue de decirnos: «Hasta aquí». No obstante, eso sí, con un plan.

Cuando revisamos nuestra historia y vemos cómo han sucedido muchos episodios alrededor de los dos, pensamos que nuestras vidas se han buscado una a la otra. Todo se fue alineando desde un principio para que estemos aquí ahora. Y eso no es gratuito; por alguna razón que aún desconocemos, hemos desafiado al destino y estamos recorriendo un mismo trayecto.

A veces me pregunto: «¿Qué estoy haciendo en la radio?». Fui a la universidad, pero nunca estudié locución; Omar ha sido mi maestro en todos estos años. Y cuando converso con personas intelectuales del medio, me digo: «Dios mío, ¿quién soy yo?». Sé que no soy la más inteligente, no soy la que mejor habla en la radio, al contrario, tengo una voz que molesta al oído, ya que es chillona, aunque he aprendido a controlarla un poco. Durante un año entero, cuando me abría el micrófono, Omar me indicaba que disminuyera la velocidad de mi voz. Yo hablaba muy rápido y me iba a otro nivel. Así que al encontrarme con personas con las que he trabajado que tienen una gran experiencia y muestran en sus currículos cosas maravillosas, me cuestiono: «¿Qué estoy haciendo yo aquí?».

Existen momentos en los que no logro entender cómo es que llegué a donde estoy hoy. ¿Fue por error, por equivocación? He dicho cosas al aire de las que me arrepiento, y a veces pido perdón. Hubo una temporada en la que dudé tanto de mi profesión, que le comentaba a Omar: «No sé hablar, arrastro las palabras, no sé completar una frase o un pensamiento». Y cuando Omar no iba a trabajar porque estaba de permiso, yo no dormía, ya que no sabía si me iba a escuchar como alguien inteligente, pronunciando palabras bonitas o armoniosas. Y decía: «Dios, ¿qué estoy haciendo aquí?». Sin embargo, creo que debo estar haciendo algo bien. No sé lo que es, pero algo estaré haciendo bien para seguir al aire después de tantos años en la estación más importante de Univisión Radio y el país. Hasta gente que no es latina escucha K-Love. ¡Qué fortuna, qué dicha, qué privilegio para mí! Y como dice don Vicente Fernández: «Mientras ustedes no dejen de aplaudir, su Chente no deja de cantar». Y nosotros, Omar y Argelia, seguiremos hablando.

Hemos constatado que nuestras palabras ante el micrófono y en las redes sociales pesan mucho para el público. A diario, decenas de mujeres le escriben directamente a Argelia para contarle sus tristezas y pedirle consejos. Son mujeres que tienen el propósito de continuar adelante y ven en ella un modelo a seguir. Y también gente deprimida por los problemas en sus vidas, pero que son personas que a su vez quieren ser felices y estar en familia. Sentimos que ellos encuentran en Omar y Argelia un ejemplo de familia. Esto nos hace pensar en un plan B, en una próxima etapa profesional, para seguir motivando desde otras plataformas y transmitir nuestras experiencias como padres y como pareja.

# ~( 4 )~

# MOMENTOS DE INSPIRACIÓN

EN ESTA PARTE DEL MUNDO, miles de personas amanecen todos los días abrumadas por la tristeza, deprimidas y con un sinfín de problemas. Algunas no tienen familia o amigos, y son como robots pasando por la vida de manera mecánica. Cada mañana, cuando encendemos el micrófono para salir al aire, pensamos en esos seres y estamos conscientes de la responsabilidad de ser Omar y Argelia, los locutores de K-Love, cuya misión es contagiar al público oyente de alegría y ganas de vivir.

Y si algo nos ha motivado al extremo es haber recibido llamadas de los oyentes afirmando que los pocos momentos del día en los que sonríen transcurren durante las horas del *show*. Las ocurrencias de Omar, las risas de Argelia, nuestros cuentos, así como la comunicación divertida y honesta, les inyectan ánimo. Y siempre nos dan las gracias, pues para ellos somos un ejemplo que los inspira a mantener la armonía con sus parejas.

Se trata de un enorme compromiso que nos obliga a dejar colgados todos nuestros problemas personales, dilemas o enfermedades en el pasillo de K-Love antes de entrar a la cabina, a donde debemos llegar con una gran sonrisa para comenzar el *show*. Gracias a Dios, generalmente lo hacemos con el entusiasmo a flor de piel. Y cuando tenemos esos días difíciles, hemos recibido llamadas de los oyentes que minimizan nuestros problemas al compararlos con los de ellos.

La relación que tenemos con los radioescuchas es como un círculo en el que ellos se nutren de nuestra energía y nosotros nos nutrimos de la de ellos. Se trata de un va y viene que nos mantiene conectados a través del micrófono desde hace más de una década.

Lo mismo pasa cuando estamos en un evento y el público se acerca: sentimos de inmediato el cariño de la gente, el cual se evidencia en detalles que van desde la forma en que ellos nos miran y nos hablan, hasta como nos abrazan sin querernos soltar. Muchos recuerdan episodios de nuestras vidas que nos asombran, porque quizás ya hemos olvidado que los comentamos en el *show*. También nos cuentan cómo hemos tocado sus vidas; cómo formamos parte de la rutina en sus hogares, sus trabajos o sus autos.

Hay personas que llegan con la intención de confiarnos algún aspecto de su intimidad, un dilema o un momento feliz. Otros se adentran de lleno en sus historias personales, que a veces son muy fuertes. Nos ha tocado llorar con ellos y tomarles sus datos para seguir conversando más a fondo, en otro lugar, porque sentimos que debemos ayudarlos de alguna manera.

El público se queja de lo difícil que resulta lograr una llamada telefónica al aire, y hasta algunos nos han dicho que han pasado muchos años intentándolo. Es cierto, conversar con nosotros durante el programa es un reto: son doce líneas telefónicas que están constantemente repicando. Por eso, cuando entra la llamada de una persona que habla por primera vez, generalmente tarda unos segundos en sobreponerse de la emoción. Eso siempre nos ha parecido muy hermoso.

Son muchos los casos de oyentes que nos han conmovido con sus llamadas, al extremo de pensar que Dios nos ha dado este don ante el micrófono para aliviar el dolor de quienes tienen problemas con sus parejas, sufren calamidades con sus hijos o se les ha muerto un ser querido. Ellos hablan para desahogarse con nosotros y buscar algún consuelo.

En el *show*, tenemos un segmento llamado «La reflexión de la semana». Leemos un mensaje con una moraleja para tratar de motivar a la gente, y lo hemos mantenido al aire por muchos años porque lo piden. En una oportunidad, recibimos una carta y luego una llamada muy particular de una oyente que nos hizo pensar en el impacto positivo de las palabras. Era una señora que nos contó sobre el estado depresivo en que se encontraba una mañana. Su depresión era tan grande que había tomado la decisión de quitarse la vida, pues sentía que su problema era mayor que sus fuerzas para vivir. Sin embargo, curiosamente, esa mañana escuchó «La reflexión de la semana» en nuestro *show*. Muy conmovida, me dijo que el mensaje y mi voz la motivaron a cambiar de idea y seguir luchando para vivir. Ella se arrepintió de lo que intentaba hacer y me escribió un email dándome las gracias y diciéndome: «Eres mi voz, Omar». Después de eso, hablamos varias veces por teléfono, y también me escribe mensajes en las redes sociales. Siempre me llama «Mi voz».

Evidentemente, ese fue un caso excepcional, pero a diario recibimos llamadas y mensajes que nos mantienen alertas sobre la importancia de nuestras palabras ante el micrófono. Nosotros nos proponemos divertir, transmitir emoción, alegría y sentimientos de buena onda, ajenos a la soledad y las angustias del radioescucha.

Entendemos el compromiso y no queremos fallar. Con todo, ¿cómo no fallar si al final del día también somos seres humanos? Ese es nuestro reto diario.

Cuando nos iniciamos en el *show*, el contacto con el oyente era solo telefónico, y además recibíamos montones de cartas por

Mi primera foto de bebé

Cumplí mi primer año

Mis padres festejando mis 2 años

Kinder en Barton Hill
Elementary, San Pedro, CA

Mi hermana Oralia y yo
siempre vestidas igual

Miembro de la banda musical y
banderas de Garfield High School

Mi graduación de Garfield
High Shool - Clase de 1993

"Me gradué con honores de
Garfield High School".

Doble bachillerato en
Ciencias de la Comunicación y
Literatura Hispanoamericana

Recibiendo mis primeras
becas universitarias

Mi graduación de
Loyola Marymount University - Clase 1997

Mi bautizo

Mi primera foto de estudio

Con mi padre Salvador y hermanos
en uno de sus restaurantes

Jugando con mi
caballito favorito

Mi perrito Shalimar y yo
cuando tenía 9 años

Graduación de San Fernando
High School - Clase 1991

Fútbol en San Fernando
High School

Mis inicios en la radio
dando noticias y tráfico

Mi show de la mañana
en Klove 107.5

Mi familia visitándome en
cabina en mi cumpleaños

Con nuestras niñas, Camila y Anabella

Don Vicente Fernández

Soraya

Ricky Martin

Marco Antonio Solis

Maná

Ricardo Arjona

Luis Miguel

correo ordinario. Entre ellas, aún recordamos las de un preso que frecuentemente le escribía a Argelia en un tono muy respetuoso y amable. La correspondencia venía directamente de la cárcel, y esa persona además de escribir también enviaba sus dibujos, que eran muy buenos. Argelia todavía los conserva.

Ahora, con las nuevas tecnologías y las redes sociales, tenemos comunicación con el público de forma directa e instantánea, en cuestión de segundos. La cantidad de mensajes se nos hace abrumadora, al punto de pasar muchas horas ocupados no solo con el *show* de Omar y Argelia en la radio, sino también en Facebook, en Twitter y en Instagram. Además de los escritos en el muro, llegan decenas de mensajes privados a nuestra página de Facebook, tantos que le hemos pedido ayuda al productor para filtrarlos. Sentimos la responsabilidad de leerlos y hacerles saber que estamos atentos a sus mensajes. Sin embargo, se nos hace difícil, porque la correspondencia se ha convertido en un monstruo por su magnitud. Y quienes escriben muchas veces se enojan al no recibir respuesta en el momento.

A esto se añade que nos hemos expandido a otros mercados y poco a poco los nuevos radioescuchas se han ido integrando al *show*. A través de K-Love, ahora nos pueden sintonizar en Chicago, San Francisco, Fresno, San José y Phoenix, además de en Los Ángeles como ha sido tradicionalmente. Y son innumerables los oyentes por medio de la aplicación Uforia para teléfonos celulares, con la cual llegamos a todos los estados y países del mundo donde se pueda bajar esta aplicación. Hemos recibido saludos desde Hawái, Japón, España, Costa Rica, Brasil, Argentina y, por supuesto, México.

Uforia se ha convertido en una herramienta clave para nuestro *show*, porque muchas personas cuando llegan a sus trabajos no pueden escuchar la radio. Hay quienes nos han llamado desde el baño de sus oficinas para poder concursar y no enojar a sus jefes, arriesgándose y marcando nuestros teléfonos.

Ciertamente, han sido muchos los cambios desde que arrancamos con Omar y Argelia. Ahora hacemos televisión desde la cabina, contamos con las redes sociales, y debemos cuidar más nuestra imagen para las promociones y fotos que se hacen casi a diario. Aquellos días en que podíamos llegar a la cabina en pijamas y nadie se daba cuenta han quedado muy atrás. Todo esto ha cambiado debido a la expansión del *show*. Paralelamente, la comunicación con nuestro público se ha intensificado en cantidad y calidad.

> Recibí en Facebook la foto de una mujer en una cama de un hospital. Supuestamente, ella no podía hablar debido a una terrible enfermedad, pero todos los días escuchaba el *show* de Omar y Argelia. Me mandó esa foto pidiéndome que la llamara al hospital, porque quería escuchar mi voz. Entonces levanté el teléfono y la llamé. No me contestó y le dejé un recado. Luego ella me volvió a escribir para decirme que había escuchado mi mensaje y que nunca lo iba a borrar de su teléfono; lo quería escuchar una y otra vez, y me escribió: «Argelia, yo sabía que me ibas a llamar; gracias por dedicarme tu tiempo. Ahora te escucho todos los días en tu *show* y en mi teléfono». Yo le escribí y le agradecí que depositara tanta confianza en mí. No supe nada más de ella.

Tuvimos una conversación telefónica muy impactante, también desde un hospital. Era una madre cuyo hijo había estado en coma durante meses. Por cosas del destino su llamada entró al aire —a pesar de ser tan difícil— y la señora no salía de su asombro y emoción por estar hablando con nosotros. Finalmente, nos contó que en un momento dado los doctores le quitaron toda esperanza en relación con la recuperación de su hijo, porque ningún tratamiento surtía efecto para sacarlo del coma en que estaba el niño. Nos explicó que cuando llegaba a visitarlo todos los días temprano en la mañana, encendía la radio para escuchar nuestro *show* junto a su hijo. Uno de esos días, sorpresivamente, el niño despertó. Ella lo describió como un milagro y aseguró que la primera palabra pronunciada por su hijo fue Argelia. Lo interesante es que, según el relato de esta emocionada madre, el chico dijo el nombre de Argelia tal como Omar lo hace en la radio, alargando las vocales: Aaargeeeliaaaa. No tenía palabras para agradecernos el haber sido —según ella— la «medicina» que curó a su hijo.

Igualmente, resulta muy reconfortante cuando regalamos premios, sobre todo si se trata de premios grandes. Esperamos que los ganadores griten y den gracias por el regalo, y sucede que generalmente la emoción solo les permite llorar. Y luego, entre llantos, empiezan a confesar lo difícil de sus vidas. Ese fue el caso de una chofer de autobús escolar que ganó dos mil dólares. Tuvo que estacionarse a un lado de la calle para poder desahogarse, porque justo en ese momento de su vida estaba atravesando un problema económico muy fuerte.

Al oyente le fascina las historias como estas, y para nosotros resultan muy gratificantes. Vivimos momentos mágicos en el *show* cuando podemos marcar una diferencia en el día a día de una persona gracias a un premio, una llamada o simplemente un saludo.

Nuestro público está conformado en su mayoría por mujeres, y muchas de ellas son madres solteras. Aunque ese no es el caso de Argelia, se identifican con ella debido a que conocen la historia de su mamá, y saben que la crio sola junto a sus tres hermanas. Las mujeres que quieren ver a sus hijos superarse también consideran a Argelia un ejemplo. Ella no escatima esfuerzos ni tiempo en contestar los numerosos emails que recibe, e inclusive hace llamadas telefónicas cuando se trata de casos muy extremos.

Por lo general, quieren saber cómo es mi día a día y cómo hago para criar a las niñas teniendo un horario tan exigente. Durante mis dos embarazos, constantemente recibía cartas muy íntimas de mujeres también embarazadas o que estaban pensando en tener un hijo y no lo lograban. Así mismo, nos llegan casos muy tristes de mujeres desesperadas por la relación con sus parejas.

Al mismo tiempo, los oyentes nos cuidan y aconsejan. Están muy pendientes de nuestro matrimonio, y con frecuencia nos piden que nunca nos separemos. Cuando hablamos de estadísticas de divorcios, de inmediato reaccionan dándonos consejos y suplicándonos que siempre estemos juntos. Nos conmueve cómo se identifican con nuestros problemas cotidianos y se parcializan por uno o por el otro.

Tenemos los fans de Omar y Argelia, pero también los de Omar y los de Argelia por separado. Los de Omar, por lo general, son mujeres que lo defienden y lo protegen. Muchas de ellas son señoras que lo ven como un hijo. Los fans de Argelia se dividen entre las mujeres trabajadoras y luchadoras identificadas con ella y los hombres que la piropean, no sin antes decir: «Sin ofender a Omar», o: «Con todo respeto...». Y nos encanta cuando en algún evento se nos acercan los jóvenes para tomarse fotos junto a nosotros con la intención de sorprender a sus padres, que son nuestros oyentes.

Sin embargo, lo más impresionante es saber que también tenemos niños fans. Hemos conocido a padres que escuchan el *show* porque sus hijos pequeños, en la edad de ir a la escuela primaria, les piden sintonizar el programa en la radio cuando van camino al colegio. Probablemente, se debe a que tenemos contenido interesante para los niños. Como sucedió cuando salió la película *Frozen*, que nos dedicamos a aprendernos la canción del filme y a hacer concursos sobre el tema.

Los niños se involucran en nuestra vida social en Facebook y le piden a sus padres que les graben vídeos para enviarlos al *show*. A veces nos llaman diciendo: «Yo quiero concursar para que mi mamá se gane los boletos a Disneyland», y les explicamos que solo pueden hacerlo los adultos. No obstante, los padres saben que cuando sus hijos oyen a Omar y Argelia, solo escuchan cosas divertidas, sanas y sin malas palabras. Nos confían a sus niños con los ojos cerrados cuando están en sus casas arreglándose para ir a la escuela o cuando van en sus autos. Y para nosotros, eso vale oro.

Otra historia linda es la de un niño de once años, en Las Vegas, que estaba muy enfermito. Su mamá me escribió para decirme que su hijo me adoraba y que todos los días tenía que escuchar mi voz. Entonces empezamos a escribirnos por Facebook. Yo le mandaba mensajitos y él me los enviaba también. Y cuando yo no iba al programa, se preocupaba por mí y preguntaba si estaba enferma. En el momento en que la mamá regresaba del trabajo, él le contaba todo lo que habíamos hablado esa mañana en el *show*. El niño se sentía feliz escuchándonos, y su sueño era venir a Los Ángeles a conocernos. «Y darle un abrazo y un beso a Argelia». Tuvimos una relación cibernética por un tiempo, y eso fue muy bonito.

Y así como los oyentes se llevan alguna enseñanza o inspiración de nuestro *show*, nosotros también aprendemos de ellos. Recordamos la llamada de un señor mayor cuya esposa estaba en sus últimos días de vida. Iban a cumplir cuarenta y nueve años de casados, y la señora se encontraba en estado terminal. En medio de su dolor, él nos pidió que le dedicáramos a su esposa una canción con mucho significado para ellos como pareja. Nos conmovió saber que a alguien, en un momento tan difícil, se le ocurriera llamar al *show* y hacer una petición así. Logramos poner la canción al aire y él se sintió complacido a pesar de su aflicción. Esa mañana sentimos la fragilidad de la vida y la importancia de tomarse el tiempo para decirle a nuestros seres queridos: «Te amo».

Guardamos las cartas de los fans y radioescuchas cuyas vidas hemos tocado de alguna manera. Son testimonios inspiradores que seguramente nuestras hijas leerán con gusto cuando ya nosotros estemos viejitos.

## ~{ 5 }~

# UN CAMBIO DE RITMO

A FINALES DEL AÑO 2012, nuestra vida tomó un rumbo diferente sin habérnoslo propuesto. Una sorpresiva decisión de la empresa nos llevó a dar un drástico giro en la rutina profesional y familiar de ambos. Era la época en que Univisión comenzó a implementar el *cross promotion* o promoción cruzada entre la televisión y la radio. Para ese momento, el canal Univisión en Miami producía un *show* llamado «Mira quién baila» donde participaban estrellas de la industria del entretenimiento, las cuales bailaban para competir —apoyando a una fundación de su preferencia— con la meta de llegar a la gran final.

Un buen día, nuestro jefe, José Valle, llegó a la oficina y me dijo: «Prepara tus zapatos, porque te vas a ir a bailar a "Mira quién baila"». Yo me reí y él se fue. A la semana, el jefe volvió y esta vez me informó: «Argelia, lo que te dije de "Mira quién baila" es muy en serio». Yo le respondí que no podía participar porque no sé bailar y no quería hacer el ridículo a nivel nacional. Sin embargo, él tenía una respuesta precisa: «Ese es el punto, están invitando a gente que no sabe bailar. Tú nada más ve y diviértete. Yo te propuse y tienes que ir». Cuando me di cuenta de que hablaba en serio, le manifesté mi preocupación por nuestro *show*. ¿Cómo iba a abandonar la radio durante tres meses? Para esto, él tenía una solución: «Vas a trabajar desde allá. Haces el *show* de la radio en la mañana, y luego en la tarde ensayas y haces el *show* de la televisión». A partir de ahí, mi inquietud fue *in crescendo*: «Hay otro problema, yo no puedo trabajar sin Omar más de una semana, porque no funciona». Y me respondió: «No hay problema, te llevas a Omar». Casi no lo dejé terminar y le expliqué: «Pero no es tan fácil, porque tengo dos niñas y no voy a estar yendo y viniendo entre Los Ángeles y Miami para poder verlas». Esta vez no parecía haber otra alternativa cuando me dijo: «Sí puedes ir y venir. Ensayas de lunes a jueves, los viernes te vienes a Los Ángeles para estar un día con tu familia, y el sábado te regresas para los ensayos del domingo». En ese momento, fui drástica: «Eso es imposible, no puedo ir sin mi familia. No puedo estar lejos de mis niñas». Y fue entonces que me dijo: «Okay, te mandamos a la familia».

¡Dios mío, para cada excusa que le daba, él tenía una solución! Sin embargo, había algo más que plantearle: «Omar trabaja, yo trabajo, ¿quién va a cuidar a mis niñas? Yo tengo que ir con mi mamá». Y me respondió: «Okay, te mandamos a tu mamá. Esto es en serio, Argelia. Vas a bailar a nivel nacional representando a la radio, y vas a llegar a la final». Ya para terminar la conversación, fui un poco más allá y le planteé: «Hay otro problema. Tengo dos perritas que no puedo dejar solas...». En cuanto a esto, definitivamente, no había arreglo. No logré que Oreo y Cookie entraran en sus planes.

A partir de ese día, el mandato empresarial con todas sus implicaciones se convirtió en un torbellino de emociones para ambos. El entusiasmo de Argelia contrastaba con el escepticismo y las dudas de Omar. La noticia nos colocó en una encrucijada y significó muchas horas de conversaciones y análisis. Se trataba de un cambio con múltiples aristas en la vida de cada uno de los miembros de la familia.

De entrada yo no quería. Por un lado sabía que las experiencias de Omar y Argelia en Miami no serían un buen contenido para nuestro *show*, y me daba miedo que se afectara el índice de audiencia. Me preocupaba dónde íbamos a hacer el programa: el estudio, los detalles técnicos, las computadoras. Además, no tendríamos al productor, así que no me iba a sentir en mi ambiente y me preguntaba cómo le íbamos a hacer Argelia y yo solos. Por otro lado, pensaba en las niñas, en la dinámica diaria, el lugar en el que íbamos a vivir. Y me decía: «Miami, ¿quién quiere vivir en Miami?». Hay huracanes. Todo lucía espantoso para mí. Me costó muchos días aceptarlo. Pensaba siempre en las consecuencias para el *show*. También sabía que Argelia en Miami estaría enfocada cien por ciento en el *show* de televisión, como hace cada vez que se involucra en un proyecto. Hasta que llegó un momento en que pensé: «Primero tengo que ser esposo y después locutor». Y para apoyar a mi esposa, tomé la decisión: «¡Vámonos!».

Fue así como le dijimos adiós a las montañas de Los Ángeles para instalarnos en la llanura de Miami durante tres meses. Nos asignaron un cómodo y bonito apartamento de dos pisos en la zona de Doral, cerca de Univisión, y nos facilitaron un carro que necesitábamos a diario para ir a la radio. Afortunadamente, gracias al cambio de horario, nuestra rutina en el *show* nos favoreció: transmitíamos de 8:00 a.m. a 1:00 p.m.

Entonces comenzaron a transcurrir los primeros días de una nueva vida en la que prácticamente todo era una novedad para nosotros, desde el clima húmedo hasta los «cortaditos» cubanos, pasando por nuestros propios hábitos en el hogar. Argelia se mantenía con un desmesurado optimismo, repitiéndole a Omar una frase alentadora: «No te preocupes, yo soy *superwoman*». Y Omar prefería darle la razón, mientras se reservaba sus temores por el desgaste físico que Argelia podía sufrir durante los ensayos.

A las dos semanas ya estaba diciendo: «¿Qué hice?». No dormía, no comía y no veía a mis niñas. Omar era el chofer, porque solo teníamos un carro: manejaba a la radio, me llevaba a los ensayos, dejaba a Camila en la escuela, y a las 11:00 p.m. lo llamaba para que fuera por mí al canal. Es cierto, se nos movió el piso a todos. Mi mamá estaba aburrida en un condominio en Miami, sin poder ir a la playa, porque quedaba muy lejos. Me perdí el momento en que Anabella empezó a caminar, pues estaba ensayando, y cuando llegué en la noche ya no tenía la sensación de observar sus primeros pasos. Lloré como Magdalena, porque me perdí ese instante tan lindo. Y también Omar y yo comenzamos a tener diferencias de pareja, porque nunca había un momento para los dos. Estaba sumamente adolorida. Mi cuerpo se sentía como si le hubiese pasado un tren por encima; todo me dolía. Y para colmo, en unas volteretas que hice me lastimé unos tendones. El punto es que Omar no podía ni tocarme.

El aprendizaje de las coreografías, los intensos ensayos y las exigencias de la producción del *show* conformaron un cuadro de intensa presión para Argelia, cuyos dolores de cabeza se mantuvieron durante toda nuestra estancia en Miami, viéndose obligada a tomar pastillas diariamente. No comía con regularidad, por lo que su peso bajó considerablemente a pesar de lo delgada que siempre ha sido. Y sufrió mucho cuando le cortaron la mitad de su cabello por exigencias del *show*.

Sin embargo, nada de eso fue tan fuerte como la experiencia de Argelia con los fans. Acostumbrada a ser la consentida de los radioescuchas de Los Ángeles, esta vez conoció en carne propia el ensañamiento del público nacional a raíz del apoyo que ella le dio a un concursante español eliminado del *show*. Argelia opinó que le parecía injusta la salida del español y sus palabras fueron interpretadas como si estuviese en contra del presentador mexicano Fernando Arau, otro de los concursantes del momento, quien goza de millones de admiradores.

A pesar de que Fernando Arau —tras bambalinas— le comentó a Argelia que todo estaba bien entre ellos, ya que lo sucedido eran cosas propias del *show*, cuando llegó a casa esa noche encontró su Twitter y Facebook inundados de mensajes agresivos que la hicieron llorar esa y todas las noches siguientes. Durante una semana no durmió con los llantos, al punto de que Omar se asustó con la depresión de Argelia y le prohibió ver las redes sociales: «¡Está prohibido! ¡Tú estás aquí para bailar! ¡No leas más esos mensajes!».

Era la primera vez que sentía y recibía rechazo y odio. Porque realmente era odio. A mí no me dolía si me decían que no bailaba bien o que no tenía ritmo. No me importaba que los jueces me criticaran cada domingo y hasta me dijeran cosas feas. Sin embargo, fue muy fuerte para mí escuchar palabras de odio del público y que se metieran con mi familia. Los fans de Omar y Argelia en Los Ángeles siempre estuvieron conmigo, pero la otra parte del país, que por primera vez veía y conocía a Argelia Atilano, me estaba odiando. Y se siente muy feo que alguien te odie. Me acostaba de noche pensando: «En este mundo, en este momento, hay personas que me están deseando el mal». Y eso no me gustaba. Además, afectó mi relación con Omar y nuestra dinámica en Miami. Omar me pedía que solo me enfocara en bailar y en terminar el *show* con dignidad para regresarnos a Los Ángeles. Y él tenía razón cuando me hizo ver que todos en la familia habían sacrificado algo por mí. Camila tuvo que empezar de nuevo en una escuela diferente. Mi mamá no conocía a nadie y su vida transcurría caminando alrededor de la piscina. En ese momento me di cuenta de que era muy injusto de mi parte. Las palabras de Omar, que básicamente fue mi psicólogo y terapeuta durante ese tiempo, me hicieron reaccionar. También tenía un gran amigo quien era mi manager en aquel entonces, Peter Robles, quien me dijo: «Entiende que así es como funciona el mundo del espectáculo». Y una vez más, mi mamá fue mi paño de lágrimas.

La temporada de «Mira quién baila» tenía una duración de once semanas y los ensayos se prolongaban hasta los domingos, así que no había tiempo para el descanso. Cuando decidimos aceptar el reto, pensamos que una meta digna era cumplir con un mínimo de un mes de competencia, ya que sería bochornoso regresarnos a Los Ángeles a la primera o segunda semana. Sin embargo, pasaron las primeras cuatro semanas y Argelia seguía entre los concursantes. Su colosal esfuerzo la llevó hasta dos semanas antes de la final, cuando fue eliminada, algo realmente sorprendente para ambos.

> Yo comencé el *show* pensando nada más en divertirme y aprovechar esa plataforma para tener algo más de renombre. Me acuerdo que Alicia Machado me decía: «Ay, amiga, yo nada más vengo aquí a pasarla bien, y además voy a ponerme en forma». Ella terminó el *show* con un cuerpo muy tonificado y estilizado. Todo el mundo llegaba con ese plan: somos amigos y lo vamos a pasar muy bien. No obstante, cuando comenzaron a sentenciarme, me dije: «No puedo irme tan pronto». Y empezó poco a poco a dominarme el sentido de la competencia sin habérmelo propuesto. Así, sobreviví nueve semanas.

Llegó un punto en el que Argelia no quería irse. Cuando la nominaron para salir del *show*, estaba pidiendo votos y rezando para mantenerse hasta la final y lograr ser al menos una de las concursantes semifinalistas. Es cierto, en el fondo de su corazón quería ser la ganadora.

A pesar de todo, esa última semana vivimos momentos hermosos. La fundación que Argelia escogió para apoyar durante el concurso —Hispanic Scholarship Fund— tiene como misión otorgarles becas a los estudiantes universitarios. Al comienzo de la competencia, hablamos sobre su decisión de duplicar el monto que obtuviera por su participación en el *show*, y este llegó a los quince mil dólares. Fue gratificante doblar esa cantidad para los jóvenes a quienes Argelia les envió el mensaje de seguir enfocados en sus sueños, porque este es un país donde sí los pueden lograr.

> Con todo, el recuerdo más bonito que tengo fue la participación de mi mamá. La gente la conoció y la identificó como «la madre soltera que luchó y ahora su hija está ahí». Yo quería que mi mamá sintiera orgullo por mí, y por eso la llamé al escenario. Cuando mi mamá llegó, dio un discurso muy bonito, luego la cámara hizo zoom y se produjo «el momento de Argelia y su mamá». Y ese momento se le quedó grabado a la gente, porque hasta la fecha hay quienes la paran en la calle y le dicen: «Usted es la mamá de Argelia, la vi en "Mira quién baila". Qué bonitas palabras le dijo a su hija, por eso es que ella brilla, por una persona como usted». Ese día final, sentí que le volví a entregar un momento más de orgullo a mi mamá.

Al día siguiente de ser eliminados, los participantes perdedores agarraban sus maletas para regresar a casa y era la ocasión para los vídeos de despedida antes de tomar el avión. No obstante, con nosotros fue diferente. Como apenas faltaban dos semanas para la final, donde Argelia debía estar presente, no era conveniente regresar a Los Ángeles. Nos pidieron quedarnos en Miami, seguir con el programa de radio y asistir a los ensayos para el *show* final durante la última semana. Fue realmente un premio, porque aprovechamos todos los días para hacer algo divertido en familia. Pedimos dos días libres en la radio y nos fuimos a Orlando. Argelia planeó todo el viaje para que las niñas conocieran a las princesas de Magic Kingdom y lo más atractivo de los parques de Disney World. En los ensayos para la final, ya no había ninguna presión de concurso y todo fue más divertido.

> Argelia creció mucho como persona durante esos tres meses. Asumió el reto con seriedad, profesionalismo y respeto. Salió de allí siendo una persona mucho más fuerte. Argelia ahora es una esposa,

mamá, hija y locutora más fuerte. Todo eso fue bueno. Además, con su participación en «Mira quién baila», ella subió a otro nivel. Su nombre, Argelia Atilano, se manejó en una plataforma nacional e internacional, porque el programa se transmitía en otros países. Y sí, es cierto, yo no me la pasé bien durante esos tres meses por muchas razones, pero, si me preguntan ahora si nos iríamos otra vez, yo, Omar, diría que sí. Repito, después de haber vivido todo eso, lo volvería a hacer. Porque primero está mi papel de esposo y el deber de apoyar a Argelia, aunque sea sacrificando mi espacio y mi carrera.

Sin dudas, este fue un capítulo importante en nuestra vida de pareja. Ambos estamos de acuerdo en que la experiencia fue enriquecedora, porque el tamaño de los retos fue proporcional al de los aprendizajes. Los dos volveríamos a repetirla a pesar del cansancio, el drama y los sacrificios.

Omar era mi fan número uno junto con mi mamá. Había gente que pensaba que él tenía celos al verme bailar con esos bailarines tan guapos y semidesnudos. Inclusive, varias señoras admiradoras, que cuidan a Omar y lo adoran más que a mí, me regañaban porque bailaba muy pegadito al bailarín, y me pedían que no lo piropeara tanto por respeto a mi marido. No obstante, Omar estaba ahí, sentado en primera fila con la niña, aplaudiéndome. En ese sentido, el *show* nunca fue una prueba de fuego para nuestro matrimonio. Omar conocía a todos los bailarines y nunca hubo un motivo para el más mínimo asomo de celos.

El regreso a Los Ángeles fue maravilloso, ya que se dio justamente tres días antes de la celebración del Día de Acción de Gracias. Solo teníamos ganas de estar en familia y fue muy significativo que esta fecha importante nos ofreciera la oportunidad de hacer una reunión en casa y darle la bienvenida a toda nuestra familia, con la que no habíamos estado durante esos tres meses. Fue uno de los Días de Acción de Gracias más bonitos que hemos tenido.

Yo le di las gracias a Omar frente a toda la familia, y a cada uno les agradecí el apoyo que me brindaron desde Los Ángeles, porque ellos hicieron mucha campaña a mi favor para el concurso. Le agradecí a mi mamá, a mis hermanas, y celebré el hecho de estar todos juntos otra vez. También di las gracias por la oportunidad de participar en ese *show*, que hasta la fecha ha sido una de las cosas más lindas en mi carrera.

Sin embargo, para el *show* de Omar y Argelia esos tres meses fueron catastróficos. Ya lo sabíamos antes de regresar a Los Ángeles, porque Omar se mantenía informado sobre los índices de audiencia. Además, nuestro jefe viajó a Miami para hablar con nosotros. Él estaba muy preocupado, ya que los números eran desalentadores.

Por alguna razón, el *show* sufrió. Creo que nuestro público sintió algún tipo de abandono al saber que estábamos en Miami y se desconectaron durante esos meses. Yo desde el principio dije: «Está bien, nos vamos a Miami, pero no vamos a convertir nuestro *show* en el diario de Omar y Argelia durante "Mira quién baila"». Sin embargo, la dinámica diaria y ciertas exigencias hicieron que esto fuera así, pues hablamos mucho sobre las experiencias de Argelia y se les hicieron entrevistas a los concursantes del *show* televisivo. Tampoco teníamos a nuestro producer y hubo algunos problemas técnicos. Sin embargo, afortunadamente, regresamos y todo fue volviendo a la normalidad.

# ~ 6 ~

# COMPARTIENDO CON LAS ESTRELLAS

PARA NOSOTROS COMO LOCUTORES, la música cobra un valor relevante en el *show*, ya que nos acompaña en la comunicación diaria con el público y nos ayuda a darle vigor a las palabras. La armonía y las melodías de los cantantes y grupos estimulan, complementan y contagian nuestra energía durante las cinco horas diarias de Omar y Argelia al aire.

Siempre hemos dicho que respetamos y queremos a los artistas, pero en estas páginas pretendemos agradecerles de corazón a todos los que han pasado por nuestra cabina en K-Love para conversar sobre sus éxitos y hasta sus infortunios. De cada uno de ellos nos ha quedado un recuerdo o una anécdota diferente —algunas de las cuales contaremos aquí— y a todos les estamos absolutamente agradecidos por el tiempo que nos han dedicado.

Generalmente, cuando los artistas llegan al *show* de Omar y Argelia, están promocionando o vendiendo un nuevo disco, una gira o un concierto. No obstante, ellos también saben que al entrar a nuestra cabina vamos a querer conversar más allá de los intereses publicitarios de turno. Y siempre nos complacen.

Nuestra regla es hacer sentir bien a los artistas durante las entrevistas, y ellos de inmediato advierten que no los queremos atacar, ponerlos en evidencia o sacar de ese momento la nota escandalosa del día. Ha habido casos de algunos que nos confiesan fuera del aire: «Nunca pensé hablar sobre lo que les conté». Creemos que eso sucede porque simplemente se sienten bien, y quizás cuando se enteran de que somos pareja se relajan y entran en confianza.

Argelia estudió periodismo, pero yo no soy periodista. Soy un locutor. He dicho muchas veces que, para mí, el trabajo de un locutor es observar, comentar y entretener. Cuando llega un artista, no estoy interesado en sacar primicias, no estoy interesado en sorprenderlo con una pregunta incómoda. Yo me coloco como fan y digo, por ejemplo: «Tengo a Vicente Fernández enfrente, ¿qué le preguntaría un fan que nunca ha tenido la oportunidad de saludarlo y platicar con él como fan?». A veces pienso que es mejor no preparar la entrevista, porque va a resultar más genuina o inocente. Muchas veces desconozco detalles personales de los artistas, así que dentro de la entrevista surgen preguntas como: «¿Estás casado? ¿Tienes novia?». Y noto que el artista hasta suelta más la sopa, como decimos en México.

En un principio, cuando empezamos el *show* y estábamos muy preocupados porque no sabíamos cómo funcionaríamos juntos, preparábamos muy bien las entrevistas. Nos reuníamos un día antes, escuchábamos la música del artista, analizábamos las letras de las canciones, investigábamos qué había sucedido recientemente con esa persona, y por último escribíamos las preguntas. Llegamos a planificarlas con tanto detalle que hasta decidíamos el orden en que íbamos a intervenir y la pregunta que cada uno iba a formular.

La primera entrevista grande que tuvimos Omar y yo en el *show* cuando arrancamos fue con Ricky Martin. Recuerdo que la pautamos para no más de media hora en el estudio, pero finalmente duró dos horas, porque él no se quería ir. Ese encuentro nunca se me va a olvidar, ya que Ricky hizo un comentario que nos llamó mucho la atención. Para ese momento, él no le había declarado al mundo su preferencia sexual, pero la gente ya comenzaba a murmurar. En un momento de la entrevista, interrumpió la charla para mirar mis pies y me dijo: «Tienes unos pies muy bonitos». Yo tenía puestas unas sandalias muy primaverales y se podían ver mis dedos. Me dijo que le encantaban los pies de la mujer, y comentó lo bien cuidado que yo los tenía. Omar estaba sorprendido con el comentario. Yo nunca había recibido ese halago ni me lo esperaba; al contrario, a mí no me gustan mis pies, porque los tengo muy planos y flaquitos, por eso casi no uso zapatos abiertos. Así fue como, en esa primera entrevista, se dio la conexión con Ricky durante más de dos horas de conversación. Y luego lo hemos tenido en la cabina en varias oportunidades.

Al tiempo, con la experiencia de estar juntos al aire y viendo cómo nos complementábamos, fuimos cambiando la manera de manejar las charlas con los artistas, pues comenzamos a notar que las entrevistas espontáneas nos quedaban mucho mejor. Y es lo que seguimos haciendo hasta el momento: algo así como cuando dejas de ver a un amigo por años y al encontrarlo le haces las preguntas básicas sobre qué ha hecho, cómo ha estado, cómo se siente, etc. Creemos que la razón por la que funcionan mejor así se debe a que, literalmente, estamos escuchando a los invitados con mayor atención. Se trata de una conversación que podría no tener fin; de hecho, muchas veces no se quieren ir de la cabina.

Jorge Salinas, el actor mexicano que todas las mujeres adoran, no se quería ir del estudio. Él es un poco especial y tiene un carácter fuerte, sobre todo con la prensa. Ese día llegó al *show* medio malhumorado, y al final terminó dándonos su número de teléfono personal, nos invitó al DF, y nos comenzó a seguir en Twitter a partir de ese momento. Decía: «Yo vine, me la estoy pasando bien y no me quiero ir». Dijo esto porque en un momento dado Omar le indicó: «Gracias por venir al *show* de Omar y Argelia». Y él respondió: «No, no, no, no, ¿ya me estás corriendo? ¿Qué traes? Apenas comienza la charla». A Omar le dio mucha pena y le dijo: «Tú te puedes quedar el tiempo que quieras». Y se quedó más de dos horas, hasta que se acabó el *show*.

Los oyentes también disfrutan de nuestras conversaciones con los artistas, quienes muchas veces se sueltan a llorar. No es para nada algo premeditado, pero por una u otra razón casi todos han derramado una lágrima, o se les ha quebrado la voz, o hemos llegado a un punto difícil de sus vidas personales y ellos deciden compartir ese capítulo fuerte o triste de sus historias.

Nuestra jefa Isabel Gonzalez dice que uno de los momentos más memorables de la historia del *show* ha sido cuando entrevistamos al cantante mexicano Kalimba antes del escándalo por la acusación del supuesto abuso que cometió contra una chica. La conversación la llevamos a cabo en los inicios de Kalimba como solista. Ese día, llegó con el artista mexicano Reyli Barba, que también se encontraba en sus inicios, porque ambos iban a estar juntos en un concierto. Entonces platicamos con ellos sobre muchos temas alrededor de un par de horas. Reyli Barba es un gran narrador de historias, así que la conversación fue una delicia. Kalimba estaba muy apagado, y al final nos confesó que tenía el corazón partido porque su novia Aislinn Derbez —la hija de Eugenio Derbez— acababa de terminar con él. Por supuesto, no había llegado a la cabina para hablar de sus penas con nosotros, pero la conversación se fue dando y los cuatro casi terminamos con una botella de tequila para aliviar su pesar.

Para nosotros, de eso se trata una entrevista: de conocer al artista, mostrarle respeto y que se sienta a gusto. Si hay un tema con el que no están de acuerdo, lo dejamos, pues no nos interesa buscar la nota escandalosa. Si ellos comienzan a sincerarse, nosotros hablamos, pero, si notamos que hacen cierto gesto o cambian el tema, ya sabemos que se trata de algo que no quieren discutir y se lo respetamos.

Disfrutamos mucho los encuentros con los artistas que están apenas naciendo, como sucedió con Camila y J. Balvin. Ha sido fantástico darnos cuenta de que hemos sido parte del nacimiento de un artista como David Bisbal. En aquel entonces, nadie lo conocía en Los Ángeles y nosotros le dimos la oportunidad. Acababa de ganar en España el concurso Operación Triunfo, y lo demás ya es historia. Ahora, después de diez años, Bisbal llega al estudio y es como si llegara un vecino, incluso la última vez platicó sobre las aventuras que ha tenido con diferentes chicas. Generalmente, los artistas se abren con nosotros y hasta nos confían sus secretos de forma espontánea, como lo hizo Ana Gabriel cuando nos habló sobre los traumas con sus mascotas y lo que sucedió con sus padres.

Siempre recordamos la conversación que sostuvimos con Roberto Tapia, un artista cuya música ni siquiera la tocamos en K-Love, ya que él interpreta el género regional mexicano. Lo invitamos al *show* porque formó parte de un evento de la radio y sabemos que Tapia tiene sus fans entre nuestros oyentes. Él llegó a la cabina un poco a la defensiva y algo temeroso, puesto que no nos conocía. Sin embargo, al momento se sintió tan cómodo que terminó contándonos sobre las hijas que tiene de distintas relaciones y las madres de ellas, las cuales en ese momento estaban de vacaciones todas juntas. Se nos hizo muy interesante saber cómo sus hijas y sus anteriores esposas viajan juntas, dando la imagen de una familia bonita y moderna. Así que él solito empezó la charla y nos habló de lo que le ha costado ganar el dinero para que sus hijas tengan todas las comodidades. Lo sentimos muy movido con ese tema, al punto de confesarnos que su manera de recompensar el tiempo perdido con sus hijas era regalándoles viajes, teniéndolas en las mejores escuelas, y proporcionándoles los recursos para vestir y comer bien. Fue muy emotivo, y al final del *show* nos aseguró que por primera vez se animaba a hablar sobre ese tema. Sin lugar a dudas, sintió una buena vibra.

> Sin embargo, también tuvimos una experiencia desagradable cuando nos invitaron a un evento fuera de la radio y me tocó entrevistar al grupo de rock español Jarabe de Palo. Acababan de sacar un disco y estaban en pleno momento de éxito. Por alguna razón, me confundí y los llamé Vilma Palma, que es el grupo de rock argentino. El vocalista se indignó y por poco me agarra a golpes. Se levantó de su silla y dijo: «Todo iba bien hasta que me llamaste Vilma Palma». Estaba furioso y yo me decía: «Trágame tierra, en qué momento se me ocurrió confundir los nombres». Es que soy muy distraído, y eso es algo por lo que Argelia a veces me regaña. Confundo nombres, confundo anécdotas y confundo polémicas. A veces pienso que estoy hablando con alguien y estoy hablando con otra persona, pero eso es parte de mi esencia.

Sin embargo, nunca hemos recibido quejas de los artistas por haberlos tratado mal o porque tuvieron una mala experiencia con nosotros en la radio. Aquellos que han ido, siempre regresan. Claro que hay algunos que deciden no ir. Este es el caso de Paulina Rubio, que jamás ha estado en nuestra cabina en K-Love. La hemos invitado varias veces, pero no hemos logrado contar con su presencia, al menos hasta el momento de escribir este libro.

Y nos han sucedido cosas curiosas como el bloqueo que nos hizo Sofía Vergara en su cuenta de Twitter. Nunca supimos por qué. Nosotros la seguimos y siempre promovemos sus proyectos. Sin embargo, un día fuimos a su cuenta en Twitter y nos encontramos con la ventanita que decía: «Omar y Argelia han sido bloqueados».

Pensamos que era un error y lo intentamos de nuevo, pero luego confirmamos definitivamente que no podíamos tener ningún contacto con Sofía Vergara a través de Twitter.

Omar hizo un tango al aire durante toda esa mañana. Contó que Sofía Vergara nos había bloqueado en su cuenta de Twitter y dijo que estaba muy dolido. Y es que realmente se sentía dolido. Yo, más que nada, estaba preocupada pensando: «¿Qué dijimos? Qué hicimos para merecernos este bloqueo». No tenía respuestas. Sin embargo, Omar hizo todo un *show* con el tema, y hasta compuso una canción: «Todo se derrumbó, cuando Sofía nos bloqueó». Además, hasta lanzó una campaña diciendo: «¡Sofía, desbloquéanos!». Nosotros, como Omar y Argelia, nunca hemos tenido contacto con ella ni siquiera por teléfono. Yo la conocí personalmente en un evento de un gimnasio donde nos tocó compartir, y también la entrevisté un par de veces por sus películas cuando trabajaba para *Primer Impacto*. No obstante, con seguridad no se debe acordar de mí. Sin embargo, su manager Luis Balaguer sí me conoce. Él se enteró de todo lo que hicimos en el *show* esa mañana, y luego me llamó directamente y me dejó un recado: «Oye, qué pena, escuché el *show* en la mañana y varias personas me han llamado. Estamos muy apenados, ya hablé con Sofía y ella dice que ni enterada estaba de lo que sucedió. La cuenta de Twitter la manejan varias personas, y seguramente fue un error. Ya han sido desbloqueados. No sabemos qué pasó, pero nosotros estamos muy agradecidos con todo el apoyo que ustedes le brindan a Sofía y todo lo que comentan sobre ella, que siempre es positivo». Entonces, Omar volvió a ser feliz.

Al final del día, nosotros también somos fans de muchas de las personalidades que pasan por el *show*, compramos sus discos, vemos sus películas o seguimos sus pasos, aunque sabemos —como suele decir Omar— que las celebridades son gente de otro planeta. Lo que sí hemos podido constatar a lo largo de tantos años de

contacto con artistas es que por lo general la humildad y la senci-
llez son características de los más grandes.

> Desde la primera vez que lo entrevistamos, me impresionó mucho.
> Él llegó solo, sin representante, sin manager. Aunque lo estábamos
> esperando, llegó de repente, sin anunciarse. Estoy hablando de
> Edward James Olmos, a quien considero uno de los mejores actores
> de Hollywood de todos los tiempos, una personalidad de alto nivel.
> De pronto, alguien estaba tocando a la puerta y vemos a ese señor
> greñudo y barbudo que resultó ser Edward James Olmos. Eso me
> impresionó. Le hemos preguntado sobre el tema y él dice: «Yo no
> soy Jennifer López ni Eva Longoria». Él va a nuestro *show* una vez al
> año para hablar de un festival de cine, y siempre llega así, solo, sin
> acompañantes. ¡Y Edward James Olmos es una leyenda, una insti-
> tución! Yo, Omar, me quito el sombrero.

Otro de los grandes, que también es un hombre muy sencillo,
es Vicente Fernández. Él sí llega acompañado de su equipo de gente, pero viste con pantalones deportivos, sudaderas y gorras. Desde
un principio nos pidió que no le habláramos de usted, sino de tú. Y
la primera vez que conversamos con él en el estudio se presentó
con una caja de calendarios para repartir entre los radioescuchas.
Lo interesante es que Vicente Fernández siempre ha dado las
entrevistas después de realizar sus conciertos con el fin de agradecerle al público. Él no va a promover el evento o a vender su disco,
sino a darle gracias a la gente que lo acompañó durante su presentación. De ahí que los calendarios fueran una demostración de
agradecimiento.

> La segunda entrevista que tuvimos con Vicente Fernández fue en el
> hotel donde se hospedaba, porque él andaba muy corto de tiempo
> en la mañana para ir a la radio. Me acuerdo que fue una charla de
> media hora en su habitación, que estaba hasta el tope: su equipo,

gente de la disquera y periodistas de los medios. En un sofá estábamos don Vicente, yo y Omar, en ese orden, porque me encontraba
sentada justo en medio de los dos. Platicamos muy rico, y en el
momento de la despedida, Omar le dio la mano y le agradeció por
su tiempo. Yo también le di las gracias y me le acerqué para darle un
beso en la mejilla, como es la costumbre. Sin embargo, en el momento en que me estaba acercando para darle el beso en su cachete, él
me agarró la cara, me la volteó y me plantó un beso en los labios. ¡Yo
casi me caigo del sofá! En primer lugar, porque me tomó por sorpresa; luego, porque era don Vicente besándome a mí; y en tercer lugar,
porque Omar era mi novio, aunque nadie lo sabía. Sin embargo,
Omar estaba atacado de la risa.

Igualmente, Enrique Iglesias está entre los artistas que nos han
impactado por su llaneza y naturalidad. A la primera entrevista
en nuestra cabina llegó con una bolsa de comida rápida, porque
tenía mucha hambre, inclusive entró con una hamburguesa en la
mano. Antes de comenzar la charla, nos dijo que el *cheeseburger* era
su debilidad y nos dio una hamburguesa a cada uno, así que lo
acompañamos. Ante una pregunta de Omar, aseguró que él mismo había pagado la comida y contó que le gusta tener un máximo
de veinte dólares en efectivo en el bolsillo. Solo usa la tarjeta cuando algo tiene un valor mayor.

Algo que me impacta de Enrique Iglesias es que siempre se acuer-
da de los nombres. Siendo una persona que ha viajado por el mundo entero y ha sido entrevistado por miles de personas, cuando
regresó años después al *show* no solo se acordó muy bien de nosotros, sino de todos los miembros del equipo. Incluso, una vez me lo
encontré en Miami para la entrega de unos premios, y lo primero
que hizo fue preguntarme por Omar. Es muy padre que un artista
se acuerde de nosotros con cariño, porque quiere decir que dejamos una huella positiva en él. Enrique Iglesias fue uno de los

primeros artistas a quien le dije que me iba a casar con Omar. Fue en un evento de Premios Juventud donde ambos formábamos parte de la producción. Me lo encontré en el primer día de ensayo, y él me preguntó por Omar; entonces me animé a contarle que nos íbamos a casar. Él de inmediato comenzó a preguntar: «¿Cómo? ¿Por qué? ¿Pero ustedes están saliendo? ¿Cómo pasó eso?». Hasta ese momento, él no sabía de nuestra relación. Cuando le expliqué bien, me dijo: «¿Por qué se van a casar? ¡No se casen! ¡Están muy jóvenes! No lo hagas. Tengo que hablar con Omar, ustedes no se pueden casar». Y durante todo el tiempo que convivimos en Miami para los premios me repetía: «Yo tengo que hablar con Omar, ustedes no se pueden casar». Años después, regresó a Los Ángeles cuando ya estábamos casados. Y lo primero que nos dijo fue: «¿Y por qué se casaron?». Hasta la fecha él no se ha casado, que uno sepa; tampoco sabemos si le tiene fobia al matrimonio. No obstante, me impactó su buena memoria y que siga siendo —a pesar de su fama— aquella persona sencilla que llegó a la cabina con una bolsa de hamburguesas.

Muy diferente es el recuerdo que tenemos de su hermano, Julio. En los comienzos del *show*, programábamos entrevistas con artistas a las 6:00 a.m., y en una de esas mañanas tuvimos como invitado a Julio Iglesias Jr., quien acababa de lanzar un disco. Llegó a la radio con su gente muy puntual, a las 6:00 a.m., pero con un pésimo humor. Fue una entrevista sumamente difícil, porque apenas le sacamos unas pocas palabras al aire.

Después de esa experiencia, cambiamos el horario de las entrevistas, comenzando a realizarlas entre 8:00 a.m. y 9:00 a.m., porque entendimos que las personalidades del mundo del espectáculo, por lo general, son noctámbulas y duermen muy poco cuando andan de gira. Esto puede ser motivo de mal humor o desgano en sus conversaciones, y cuando tal cosa sucede, el programa, el radioescucha y el artista sufren por igual.

No obstante, también pensamos que levantarse más temprano no puede ser sinónimo de descortesía, como nos sucedió durante el encuentro que tuvimos con el grupo mexicano RBD. En aquel momento, RBD estaba en pleno apogeo, con lleno total en sus conciertos, y por primera vez visitaba Los Ángeles.

Los muchachitos llegaron con aires de grandeza, sobre todo Anahí, quien tenía una cara de pocos amigos. A mí me dejó con la mano extendida, y durante toda la entrevista estuvo ocupada con su celular. Christian Chávez estaba en su mundo, y el Uckermann se sentó en una esquina como niño regañado. Los más amables fueron Maite Perroni y Poncho. Venían de una gira muy extensa y me imagino que estaban cansados. Sin embargo, fue una falta de respeto que durante toda la charla Anahí se la pasara mandando mensajes de texto, y cuando le hacíamos una pregunta, ni siquiera levantaba la cabeza para contestar. Los locutores somos el puente entre los fans y el artista; uno está ahí para darles sus respetos. Por eso, a los tres minutos, cuando vi que mantenían esa actitud, les dije: «Chicos, vemos que están muy cansados, así que vayan a descansar; muchas gracias por la entrevista y mucho éxito». Me paré, abrí la puerta de la manera más amable, y uno por uno fue saliendo. Fue un momento muy incómodo, tanto para Argelia como para mí, pero seguramente ellos no se acuerdan del episodio. Un par de años después, Anahí regresó al *show* cuando se lanzó como solista y todo resultó muy diferente; conversamos con ella más de media hora y terminamos como los mejores amigos.

Uno de los grandes a quien nos tocó entrevistar en el hotel donde se hospedaba es Ricardo Arjona. Evidentemente, siempre preferimos hacer los encuentros en la radio, no solo porque estamos en nuestro ambiente, sino también porque no nos complicamos con el equipo de grabación. Sin embargo, cuando el personaje es de la talla de Arjona y su agenda no le permite ir a la cabina, no hay otra alternativa. Ese día, nos entregaron el equipo y nos fuimos a Hollywood, hasta el hotel Mondrian, donde el cantautor guatemalteco estaba ofreciendo varias entrevistas para la televisión y la radio.

Cuando llegó nuestro turno, nos sentamos junto a Arjona en un sofá muy bonito. Frente a nosotros, observándonos, había más de diez personas entre los managers, la gente de la disquera y la publicista. Solo teníamos diez minutos para conversar, porque aún quedaban otras personas de los medios esperando por Arjona. Él vestía de blanco y se veía muy bien, bronceado, galán, caballero, con su bonita manera de hablar.

Comenzamos la charla tratando de mantener cierta intimidad en medio de toda esa gente que nos miraba.

Ya habíamos iniciado la entrevista cuando me di cuenta de que la grabadora tenía algo raro, pero yo trataba de disimular. Cuando llevábamos como tres o cuatro minutos hablando, no pude más, paré y le dije: «Me da mucha pena, Arjona, disculpa, pero creo que la grabadora no está funcionando». Chequeamos la grabadora y en efecto no estaba funcionando. La abrimos... ¡y no tenía baterías! Entonces le dije: «Me vas a matar, pero no tiene baterías». Y Arjona preguntó: «¿Y todo esto que hemos dicho no se ha grabado?». Yo me sentía del tamaño de una pulga al lado del gran Arjona, que es tan alto. Lo veía como al Empire State de Nueva York. Rápidamente le dije: «Si me das cinco minutos, yo consigo las baterías». Arjona, incrédulo, preguntó: «¿Seguro? ¿Cinco minutos?». Volteó a ver a su gente y todos estaban riéndose. Obviamente, ellos no se iban a perder nuestra entrevista, porque se trataba de K-Love. No obstante, en ese momento me sentía fatal. Le repetí: «Cinco minutos, dame cinco minutos». Entonces salí corriendo de la habitación, tomé el elevador, fui a la tiendita del hotel, y entré aventando a medio mundo y diciendo: «Baterías, baterías». Me dijeron que allí no vendían baterías y que las podía encontrar en una tienda en la acera de enfrente. Caminé presuroso hacia allá. ¡Pero se trataba de cruzar Sunset Boulevard a las 3:00 p.m.! Salí corriendo y por poco un coche me atropella. Me hice a un lado, crucé la calle y todavía no sé cómo lo logré. Finalmente, entré corriendo a la tienda, agarré las baterías, las pagué, volví a cruzar la calle apresuradamente, y por poco me vuelven a atropellar. Un taxi me frenó bien cerquita. No me importó, quería rescatar la entrevista, y así por fin llegué de nuevo a la habitación donde esperaba Arjona. Habían pasado diez minutos. Argelia estuvo todo ese tiempo rezando e ingeniándoselas para entretener a Arjona con alguna plática que no tuviera que ver con la entrevista. Llegué, instalamos las baterías y rescatamos la entrevista, que resultó una de las mejores que hemos tenido.

Es fácil entrevistar a un artista como Arjona, porque se trata de un buen conversador. En eso es igual a Pepe Aguilar, con quien hemos charlado un montón de veces, ya que además vive en Los Ángeles. Es muy gratificante contar con la visita de Pepe al *show*, pues tiene una enorme facilidad de palabra, respeta mucho al locutor, y por si fuera poco, la gente lo adora. Quizás sea el artista con mayor cantidad de entrevistas en el *show* de Omar y Argelia. También tenemos como costumbre que cada vez que cumplimos un año más al aire, Pepe participa en el *show*. Lo consideramos nuestro amuleto de la buena suerte.

En el primer aniversario, tuvimos una gran fiesta al aire con pastel y globos, y la empresa publicó unos avisos muy bonitos de felicitaciones en los grandes periódicos de Los Ángeles. Los artistas nos llamaban y Pepe Aguilar fue uno de los primeros en reportarse. Él es casi nuestro padrino: no hay celebración de aniversario si Pepe no llama. Y él lo sabe. Además, llega a visitarnos al *show* cuando quiere, sin necesidad de una invitación.

Omar es muy celoso con su micrófono de 5:00 a 10:00 a.m. Inclusive cuando se enferma, está de vacaciones, o pide un día libre, no le gusta que nadie lo cubra. Me dice: «Haz el *show* a tu manera, pero hazlo tú sola. No necesitas de nadie para sobrevivir». Sin embargo, la única persona que ha llegado a cubrir ese espacio de Omar en la cabina es Pepe Aguilar. Una vez, hace unos años, Pepe iba a sacar un disco. Le habíamos hecho tantas entrevistas que a Omar se le ocurrió tenerlo como locutor por un día, mientras él también estaba ahí. Le hicimos la propuesta al equipo de Pepe y les encantó la idea. Así fue como Pepe Aguilar se convirtió en el locutor invitado por un día en K-Love. Y funcionó mucho, pues ese día los índices de audiencia se dispararon. Él llegó a la cabina con sus apuntes, su contenido y su propia música, ya que le dijimos que el *show* era de él y que solo debía respetar los comerciales y el estilo de la emisora. Sin embargo, cuando había pasado una hora, Pepe se dio cuenta de que todavía le faltaba mucho por cubrir. El reloj caminaba rápido y él empezó a sudar la gota gorda. Supo que hacer un *show* de radio no es nada fácil. No obstante, a Pepe le gustó tanto la experiencia que ahora tiene su propia estación de radio en Internet; posee su canal de música en la aplicación de Uforia, programada por él. Realmente, Pepe es un tipo de alto nivel.

Entre los artistas que nos han impactado está el mexicano Joan Sebastian, a quien entrevistamos después de su enfermedad para el lanzamiento de su disco *Huevos rancheros*. Él estaba muy bien físicamente, y llegó a la cabina del *show* y sostuvo una conversación muy profunda con nosotros. En un momento dado, hablamos sobre sus hijos y reveló que tiene una hija en este país con la cual no convive mucho. Contó que le había dedicado a ella una canción, y cuando describió la letra, comenzó a llorar. Argelia, que estaba sentada a su lado, le secó las lágrimas mientras él nos enseñaba una cadena donde colgaba un dientecito de su niña, el cual siempre lleva consigo para sentirla cerca.

Omar y yo lo sorprendimos con un mariachi. Y cuando llegó el grupo con sus instrumentos y sus trajes tan lindos, la entrevista se aligeró y todos comenzamos a cantar «Estos celos», una de sus canciones. Sin embargo, Joan Sebastian se levantó de pronto de su silla, se volteó hacia los mariachis y les dijo: «¡Un momento, así no es! Síganme a mí». Y empezó a darles la tonada. ¡Pobres mariachis! No sabían dónde meterse de la vergüenza. Al final, Joan cantó con ellos, pero resultó genial cómo él se sintió en confianza para regañar a un mariachi que no era suyo y de alguna manera avergonzarlos al aire. Porque estábamos al aire.

Lo bonito de tener contacto con tantos artistas es la relación particular que vivimos con ellos en la cabina de la radio. Sabemos que no son nuestros grandes amigos, pero en muchas ocasiones surge una energía muy especial, y esos momentos se nos quedan atesorados para siempre. Ese es el caso del grupo Maná y su primera visita al *show* de Omar y Argelia durante su gran regreso, después de varios años de retiro. A Omar se le ocurrió hacer algo que nunca antes habíamos intentado: decorar la cabina del *show* para darle ambiente a la entrevista.

Sigo a Maná desde que era un adolescente, cuando ellos cantaban en los bares de Guadalajara y estaban pegados localmente con el nombre de Sombrero Verde. Cuando planificamos la entrevista, llamé a unos amigos muy cercanos que tienen un negocio de tortas ahogadas y comida típica de Guadalajara. Les conté que Maná estaría en el estudio y les pedí que transformaran la cabina en una especie de plaza Garibaldi o plaza Tapatío de Guadalajara. Y dicho y hecho: pusieron sus sarapes y sombreros de charro, trajeron tortas ahogadas, carne en su jugo, los baldes llenos de cerveza y el tequila. Apagamos las luces y pusimos velas. El estudio se transformó en un restaurante tapatío.

Desde las 5:00 a.m. preparamos todos los detalles para el recibimiento de Maná. Cuando ellos llegaron, no podían creer lo que estaban viendo. Entraron uno por uno y sus caras eran de asombro, confesándonos que estaban alucinados. De inmediato, comenzaron a comer las tortas ahogadas, pero también sacaron el destapador y tomaron cerveza. Pensamos que esa ha sido una de las entrevistas más divertidas y únicas que hemos hecho, hasta se podía escuchar que estaban picados por las tortas ahogadas. Dos o tres años después, cuando lanzaron otro disco, regresaron al *show* y también los recibimos al mejor estilo de Guadalajara.

> Fher dijo algo durante aquella primera entrevista que mantuve muy presente a través de todos estos años. Él comentó que solo le faltaba tener un hijo para completar las tres cosas que todos deberíamos hacer en la vida, porque las otras dos ya las había hecho: plantar un árbol y escribir un libro. Y a medida que mi relación con Omar iba creciendo, siempre recordaba sus palabras. Nos casamos y lo primero que hicimos fue plantar árboles en nuestro jardín; entonces, me acordé de Fher y dije: «De acuerdo, ya planté mi árbol». Luego, me embaracé, llegó Camila, y dije: «Listo, ya tengo a mi hija». Además, cuando nació Camila plantamos más árboles. Yo le decía a Omar: «Tenemos que escribir un libro, porque ya cumplimos las otras dos cosas de la lista». Y en eso estamos ahora, escribiendo el libro. Ojalá que sea el primero de varios.

Hemos creado relaciones tan especiales con los artistas durante las entrevistas que muchas veces los vemos en otro ambiente y surge la misma confianza que en la cabina. Lo que nos sucedió en Miami con Tony Meléndez, el vocalista del Conjunto Primavera, es único. Ellos también han ido a la radio y hemos tenido charlas muy divertidas. En una oportunidad, viajamos a Miami para transmitir en vivo desde Premio lo Nuestro, y después del *show* nos fuimos a donde estaban todos los artistas que habían asistido al evento, incluyendo al Conjunto Primavera.

Cuando llegó el momento de regresar al hotel, caminando hacia el estacionamiento, nos encontramos a Tony, quien enseguida quiso saber a dónde íbamos. Nos explicó que no encontraba al resto de su grupo y estaba medio perdido sin saber cómo llegar al hotel. Entonces le dijimos que se podía ir con nosotros en la camioneta que nos recogería para llevarnos hasta el lugar. También había varios compañeros de otra emisora esperando por el transporte, y cuando llegó la camioneta todos nos apresuramos a entrar como pudimos.

Cerramos la puerta y el vehículo arrancó. Sin embargo, de repente nos dimos cuenta de que Tony no estaba dentro. Cuando nos volteamos, lo vimos allá lejos. Por supuesto, regresamos por él, pero nos dio mucha risa saber que todos nos habíamos montado en el carro y dejamos a la estrella afuera.

Hay otras historias que guardamos en la memoria, porque nos han tocado alguna fibra de nuestros sentimientos o emociones. Con Soraya, la cantautora colombiana que falleció en el año 2006, hubo una conexión singular cuando conversamos al recuperarse del cáncer que padecía. La invitamos a cantar en vivo con su guitarra, y a la vez invitamos a varios radioescuchas como público. Es algo que solo hacemos cuando el artista se presta, ya que cantar en la mañana no es fácil. Ese día parecía que el futuro de Soraya era prometedor; su salud estaba mejorando y ella se veía estupenda.

Después del *show*, nos quedamos conversando los tres. Y, por alguna razón, en un momento dado tocamos el tema del mal de ojo. No sé qué fue lo que ella vio en mí, pero de pronto me dijo: «Omar, tengo algo para ti, pero está abajo en el coche». Entonces fui con ella al estacionamiento, abrió su coche, y sacó una pulserita y una cadenita contra el mal de ojo. Meses después, Soraya recayó del cáncer y falleció. No sé qué notaría ella durante la entrevista, no sé si vio algo en mi semblante, porque yo siempre bromeo que soy pálido por mi abuela que era china. Claro, esto es solo una broma; mi abuela era mexicana. La verdad es que no sé por qué me dio esa cadenita y esa pulserita a mí y no se las dio a Argelia. Le di las gracias, nos abrazamos y nos despedimos. Las usé por un par de días, pero después las guardé. Me voy a quedar con la duda para siempre.

Con la cantante y compositora mexicana Jenni Rivera tuvimos una conexión especial que ella misma inició cuando escogió al *show* de Omar y Argelia para hablar sobre el abuso sexual en su entorno familiar. Nos sorprendió sobremanera su decisión de conversar sobre ese tema exclusivamente con Charityn —en su *show* televisivo Escándalo TV— y con nosotros en K-Love.

Ya era del dominio público que sus hijas y su hermana habían sufrido abuso sexual por parte de su exesposo, quien durante mucho tiempo estuvo prófugo de la justicia. No obstante, era la primera vez que ella contaría la historia y daría detalles, por eso nos asombró que pidiera hacerlo con nosotros, considerando además que K-Love no tocaba su música por ser de un género diferente al de la estación en aquel entonces. En fin, por alguna razón que no sabemos, Jenni Rivera sintió confianza para ir a comentar su dolorosa historia con nosotros.

En un momento dado de la conversación, cuando le preguntamos detalles sobre la desaparición del hombre que le había causado tanto daño en su vida, a ella se le ocurrió dar un número telefónico para que llamara cualquier persona que lo hubiese visto. Y sucedió que, dos o tres días después, un radioescucha llamó a ese número, dio las señas, la policía localizó al sujeto y lo arrestaron. Jenni nos llamó muy contenta: «Chicos, tengo una noticia. Gracias a la entrevista encontraron a Trino, y yo estoy muy agradecida con ustedes».

Esa entrevista con Jenni Rivera aún está presente en la comunidad hispana, y sobre todo entre sus fans, porque se acuerdan muy bien de cómo ella se desahogó esa mañana. A mí me llamó mucho la atención que siendo la primera vez que nos conocía en persona nos dijera fuera del aire que se había sentido muy a gusto con nosotros. Luego, regresó a los pocos meses para promover «Mi vida loca». En esa oportunidad le contamos que Omar y yo estábamos comprometidos y hasta le mostré el anillo que me quitaba al llegar a la estación. Al día siguiente recibí una caja con productos de maquillaje de su línea Jenni Rivera, pero dentro de la caja había una tarjeta con la imagen de una niña vestida de novia en la que escribió a mano: «Felicidades por tu compromiso». Pienso que ella sintió una conexión con nosotros, pues siempre nos escuchaba, llamaba al *show* y nos seguía en Twitter. Nos decía: «Mi sueño es que mi música se escuche en K-Love, porque es la radio no solo de Los Ángeles, sino de Estados Unidos». Por eso ella comenzó a preparar temas para el formato musical de K-Love, que no es el de las bandas. Un par de meses antes de su muerte, Jenni presentó un disco de baladas, con letras de amor. Curiosamente, su música formó parte de K-Love después de su fallecimiento.

Nosotros estábamos en Miami para la temporada de «Mira quién baila» cuando Jenni Rivera lanzó el disco de música pop «Joyas prestadas». Ella nos llamó porque quería ir al *show*, pero no pudimos complacerla, ya que seguíamos en Florida. Y a las pocas semanas de nuestro regreso a Los Ángeles sucedió el accidente que le quitó la vida.

El fallecimiento de Jenni Rivera, la Diva de la Banda, significó un momento importante en nuestra carrera. Aquel domingo de diciembre desayunábamos en casa cuando nos enteramos de las primeras informaciones difundidas por las redes sociales. Todo era muy confuso, apenas decían que Jenni estaba desaparecida, y hasta se hablaba de secuestro.

Ese domingo en la mañana recibí un mensaje de texto de mi jefa para pedirme que al día siguiente no habláramos en el *show* sobre la sospecha del secuestro de Jenni Rivera, porque la familia quería mantener el asunto en privado. Sin embargo, cuando vi cómo la información estaba tomando cuerpo, le dije a Argelia: «Vamos ya para la radio». Y se lo comuniqué a mi jefa: «Vamos para la estación; no sabemos lo que está pasando, pero el simple hecho de que Jenni esté desaparecida es algo muy importante». Sus fans en Los Ángeles merecían estar bien informados y no solo limitarse a las especulaciones de las redes sociales. Me dieron luz verde, así que me fui a la radio y saqué a la locutora que estaba de turno. Estuvimos seis horas al aire sin parar. Llegaron los medios del mercado anglosajón, que querían saber quién era Jenni Rivera, nos llamaron de los canales ABC y CBS, todos querían entrevistas para que les explicáramos por qué había tanto alboroto con esa noticia. Cuando las otras radios ya la habían declarado muerta, nosotros no lo hicimos. Por cuestiones de ética no podíamos anunciar su muerte, porque ni siquiera habían encontrado la avioneta. Al momento en que todo se confirmó, alrededor de las 8:00 p.m., entregamos el micrófono, cerramos y regresamos a casa.

Estábamos agotadísimos de la larga jornada, pero al siguiente día —como todos los lunes— continuamos al aire desde las 5:00 a.m. con las declaraciones de los familiares y todos los detalles que iban surgiendo. Era el momento de estar de luto junto a sus fans, permitirles que se desahogaran y hablaran de ella, pero todo con mucho respeto. Nunca caímos en amarillismo ni chismes. La recordamos como la gran artista y madre, admirada y querida por miles de personas.

Cuando Omar y yo estuvimos en Miami por lo de «Mira quién baila», Jenni Rivera fue a K-Love en Los Ángeles, dejó grabada la presentación de su música nueva —las baladas de su disco «Joyas prestadas»— y habló un poquito de cada canción. Eso se quedó en la emisora desde aquel momento y no se hizo nada con la grabación.

Más tarde nuestra jefa se acordó y nos comunicó que tenía la última charla de Jenni. Entonces, Omar y yo escuchamos la grabación que ella había dejado y realizamos algo muy bonito que pusimos al aire: Omar daba la entrada de lo que Jenni iba a decir, hablaba Jenni, y luego entraba la canción. Más adelante yo decía algo, entraba Jenni, y después sonaba la canción. Lo hicimos como un especial. Es curioso que finalmente Jenni Rivera lograra enfocar su música en K-Love, y ha sido la más tocada desde que desapareció físicamente.

Ahora tenemos una relación muy especial con su hija, Chiquis Rivera. Ella escucha nuestro programa como su mamá solía hacerlo, y nos llama por teléfono para reclamarnos cuando no le gusta algún comentario en el *show*. Nosotros nunca criticamos a la persona, pero sí opinamos sobre la calidad de lo que el artista le ofrece al público. Omar habló con mucha sinceridad cuando escuchó la canción que Chiquis le hizo a su mamá.

Ella sacó la canción «Paloma blanca» dedicada a su madre, y me pareció que era para llorar por su trabajo, su voz... Ya está aprendiendo y mejorando. Sin embargo, cuando nos mandó la canción, yo dije: «Dios mío, sé que es hija de Jenni Rivera, quiere continuar el legado y poco a poco se está ganando su público, pero no solo porque tiene el apellido Rivera puede agarrar el micrófono y cantar». Se escuchaba espantoso. Ella estaba oyendo la radio y llamó para decir que quería ir al *show* al día siguiente. Y llegó al día posterior diciendo: «Vengo a platicar con el señor Omar y a aclarar ciertas cosas».

El día en que Chiquis Rivera fue a nuestro *show*, terminó agradeciéndole a Omar por haber sido tan franco. Es cierto, ella llegó a la cabina a enfrentarse con «el señor Omar», pero también le preguntó: «Dígame usted qué es lo que tengo que hacer». Y la asesoría comenzó ahí mismo, al aire. Omar fue tan firme y fuerte con ella como un día antes, cuando no estaba ahí. Chiquis escuchó atentamente y le gustó que Omar le dijera en su cara: no sabes cantar, necesitas un buen entrenador, tienes que estudiar y practicar mucho. Y ella aseguró que cuando sacara una nueva canción, vendría primero a la estación para buscar la opinión de Omar.

> No nos ha pedido más asesoría, pero ha mejorado mucho. Y yo creo que va a llegar a lugares altos si sigue como va y lo hace con seriedad. Muchas veces las cosas que decimos no son del agrado del artista, o proferimos burradas o tonterías. No obstante, yo le dije a Chiquis: «Jamás en la vida te voy a insultar a ti o tu familia, o a la memoria de tu madre. Simplemente estoy criticando tu intento de ser cantante cuando no lo eres». Y creo que ella apreció eso.

No somos morbosos ni amarillistas, y tenemos la capacidad de decir: «Me equivoqué». Es así porque en un *show* de cinco horas hay muchas probabilidades de cometer errores, y nosotros los hemos cometido como seres humanos que somos. Han existido algunas torpezas o desinformación de parte nuestra, pero cuando esto ha sucedido lo reconocemos al aire.

En una oportunidad, Omar hizo chistes con una declaración de la actriz mexicana Eiza González, quien sueña con interpretar a la mujer araña. Según Omar, ella estaba equivocada, ya que no existe un comic o caricatura de la mujer araña. Minutos después, tuvo que reconocer su error al aire cuando un oyente le dijo que el que estaba equivocado era él. Terminó rogándole a Hollywood que le dieran el personaje a Eiza.

> En otra ocasión, Omar no pronunció bien el apellido de un beisbolista cubano que forma parte de los Dodgers. De inmediato, una radioescucha nos llamó para regañarlo. En ese mismo momento, Omar aceptó el regaño, admitió que cometió un error al pronunciar lo que era un apellido muy raro, y le pidió disculpas a la comunidad cubana. Y yo también he dicho algunas cosas medio sacadas de

onda y he ofrecido disculpas casi inmediatamente. Un día, Omar me pidió al aire que fuéramos al concierto de Molotov, la banda mexicana de rock, y yo le dije: «No te veo ahí, porque tienes que estar greñudo y no bañarte». Di a entender que los rockeros son mugrosos, y ellos se me echaron encima. Al día siguiente me disculpé de la mejor manera, pues aunque el comentario incorrecto lo hice a las 5:30 a.m., no tenía excusas para hablar así. Omar siempre dice que tenemos que filtrar muy bien los pensamientos antes de abrir la boca. Así que todos los días, cuando salgo de la casa, voy rezando. Y una de las cosas que le pido a Dios es que me ayude a ser impecable con mis palabras, ya que tengo la intención de no ofender, insultar ni herir a nadie.

Fuera de la cabina de la radio, otros momentos en los que nos encontramos con los artistas tienen lugar en los conciertos, y de estos también conservamos instantes memorables.

Recordamos, por ejemplo, haber festejado el cumpleaños número treinta y nueve de Argelia durante un concierto de Alejandra Guzmán en el que ella nos permitió abrir el evento, saludar al público y darle la bienvenida a The Forum, un nuevo recinto en la ciudad. Alejandra llegó a Los Ángeles ese mismo día y se prestó para grabar un comercial de nuestro *show* y conocer a los radioescuchas ganadores de las entradas para su concierto.

Es gratificante cuando el artista pide y aprueba que Omar y Argelia abran un concierto suyo. Implica una gran responsabilidad dirigirnos a sus fans, darles la bienvenida, y finalmente decir: «¡Y ahora con ustedes, Alejandra Guzmán!». Lo hemos hecho varias veces con distintos artistas de renombre, como Vicente Fernández y Pepe Aguilar. Ellos nos han invitado a presentarlos en el escenario y esto ha sido un honor inmenso.

También hay conciertos a los que solo asistimos como público por tratarse de la presentación de grandes personalidades que admiramos. Sin embargo, ambos tenemos diferencias en cuanto a este tipo de eventos. Aunque Omar ama la música y la escucha desde niño, no es muy entusiasta a la hora de asistir a un concierto.

Argelia, por el contrario, disfruta al extremo cuando puede estar en un recital de principio a fin. A veces hacemos un pacto: vamos solo por una hora y luego aplicamos lo que Omar llama «la huida Velasco»: no nos despedimos, nos levantamos y nos vamos.

> Yo tengo fama de quedarme dormido en todos lados, pero es que me la paso cansado, ya que duermo muy poco. A mí me encanta la música de Alejandro Fernández y fuimos a uno de sus conciertos. Me acuerdo de que él había sacado un disco de baladas, así que esa noche hubo una parte del *show* en la que solo cantó este tipo de canciones. De repente, yo, que tenía sueño, con una o dos cervecitas encima, o chelitas como decimos en México, y escuchando las baladas románticas, fui cerrando los ojos hasta que me quedé bien dormido. Sin embargo, eso nada tiene que ver con Alejandro. A mí me gusta mucho su música.

Es un bonito detalle cuando los artistas paran su concierto para saludar a los locutores. Omar siempre espera un saludo de ellos, porque es algo que nos agrada, aunque no siempre lo logramos. En una ocasión, durante un concierto de Marco Antonio Solís y estando en primera fila, él nos vio, nos hizo un guiño de ojo y siguió cantando. En un momento dado, Omar fue al baño, y en ese preciso instante Marco detuvo el concierto, se acercó a nuestros asientos y le dijo al público: «Ahora quiero aprovechar para agradecerles a unos grandes amigos, son una pareja muy bonita, la pareja ideal de la radio, mis amigos Argelia y... ¡ah, caray! ¿Y dónde está Omar?».

> Marco vio que el asiento de Omar estaba vacío y de inmediato me preguntó: «¿Argelia, dónde está Omar? ¿Ya se fue?». Y yo, como si estuviera en mi casa, le respondí gritando a todo pulmón: «¡Se fue al

baño!». Él soltó la risa y pidió un aplauso para Omar, diciendo: «Ah, como que le dieron ganas de ir al baño... Bueno, saludos al gran compañero». Todos rieron y él continuó cantando. Unos minutos después regresó Omar y me preguntó: «¿De qué me perdí?». ¡Lo quería matar!

Nuestra conexión con Marco Antonio Solís es única y muy diferente a la que tenemos con cualquier otro artista. Durante todos estos años al aire hemos convivido con él en muchas ocasiones, pero irónicamente nunca ha sido dentro de la cabina de K-Love. Lo conocimos en un evento para cantautores donde él recibía un reconocimiento. Esa noche aprovechamos para tomarnos nuestra primera foto con el artista de la famosa melena larga, a quien también se le conoce como El Buki. A partir de entonces nació una relación especial con él. Marco nos invitó personalmente a uno de los momentos más importantes y emotivos de su carrera, cuando recibió su estrella en el Paseo de la Fama de Hollywood. Y también hemos tenido la gran fortuna de compartir en su camerino después de algunos grandes conciertos que ha ofrecido.

Cuando uno entra al camerino de un artista que acaba de dejar su alma en el escenario, por lo general el artista está muy cansado. Prácticamente, debes saludar rapidito, felicitar al artista, tomarte la foto del recuerdo y salir, porque de lo contrario te sacan los publicistas. Esos instantes, cuando mucho, duran dos o tres minutos. Sin embargo, con Marco, ese no ha sido el caso. Siempre hay un abrazo, un agradecimiento por haber estado presente, el ofrecimiento de algo para tomar o comer, y hasta la invitación a sentarnos para platicar de todo un poco, en especial de la familia. Inclusive, en una ocasión, se sentó frente a un piano rojo que se encontraba en su camerino y nos dijo: «¿Cuál quieren muchachos?». Yo no lo podía creer, porque acababa de cantar durante tres horas en el escenario sin parar. Omar se volteó y me gritó: «¡Pide tú!». La primera canción en la que pensé fue «Acepto mi derrota», y por supuesto que nos la cantó. ¡Vaya! ¡Una serenata en privado! Inclusive lo grabé y aún conservo ese singular momento en mis archivos.

No obstante, quizás la conexión más original y auténtica que hemos tenido con Marco Antonio Solís tuvo lugar cuando él —como el hombre y no como el artista— nos llamó por teléfono a la cabina para pedir una canción y hacer una dedicatoria de amor, tal como suelen hacerlo diariamente nuestros radioescuchas. Era un 24 de febrero, muy temprano en la mañana, cuando recibimos su llamada desde Argentina, donde él se encontraba de gira. Su esposa, Cristian Salas de Solís —o Cristy Solís, como le decimos en el mundo artístico— cumplía años ese día y el deseo de Marco era sorprenderla con ese detalle especial. Por alguna razón, Cristy no pudo acompañarlo en la gira y ese día ella se encontraba en Los Ángeles. Conociendo con exactitud la rutina de Cristy, Marco nos dijo que seguramente su esposa estaba alistando a sus hijas para llevarlas al colegio mientras escuchaba K-Love. ¡Omar buscó de inmediato la canción que Marco quería dedicarle y puso manos a la obra!

Llamamos por teléfono a Cristy, la pusimos en espera y le dijimos que le prestara mucha atención a lo que venía en el programa. Ella, muy nerviosa y obediente, escuchó su canción cuando de repente entró la voz de Marco para declararle a la distancia su total admiración y profundo amor. Cristy lloraba y yo también, al igual que todas las mujeres que estaban escuchando el *show* en ese instante. Nos desmoronamos debido a la ternura e inmenso derroche de amor que brotaba de esta pareja del mundo del espectáculo, tan enamorada y sólida. Omar le preguntó a Cristy por qué esa canción, titulada «Quiéreme», le tocaba tanto el alma, y fue en ese momento cuando todos nos enteramos de que Marco se la escribió a ella en un lindo atardecer de Acapulco hace unos cuantos años atrás.

Esa memorable mañana de nuestro programa, Cristy Solís abrió su corazón sin tapujos, y como cualquier mujer enamorada compartió una pequeña parte de su historia de amor íntima. Marco Antonio Solís, mostrándose nervioso, le envío un sinfín de besos a su amada y nos agradeció humildemente por haberle prestado el micrófono, la plataforma y el tiempo para cumplir un deseo muy personal.

Siempre recordamos un evento donde sucedió algo muy particular, aunque en esa ocasión ni siquiera nos habíamos hecho novios. Eran los inicios de nuestro *show* y fuimos al concierto de Pepe Aguilar en el Teatro Kodak, llamado ahora Teatro Dolby. Estábamos bien ubicados en buenos asientos y en primera fila. Como es la costumbre de Pepe, hay un momento de su *show* en el que él comienza a lanzar toallas y camisetas al público. Y Argelia, como fan de Pepe, estaba acechando cuando eso ocurriera.

Empezó a lanzar las toallas hacia el área donde yo estaba. De pronto, vi una que voló hacia mi dirección y cayó en mi mano. La agarré por un lado, pero del otro lado la agarró otra mujer. Y empezamos a forcejear entre las dos. Yo no me dejaba y ella tampoco. Y yo decía: «Es mía». Y ella: «No. Es mía». Y empezamos a forcejear por la toalla. ¡Hasta que se la quité! Sin embargo, resulta que no me había dado cuenta de que ella estaba embarazada. Cuando caí en cuenta de eso, me dio mucha pena, aunque igual ella se rio del momento. Me decía: «Es una mujer embarazada, pero es la toalla de Pepe, ¿qué hago? ¿Se la doy o me la quedo?». Me sentí tan mal que se la di. Y Omar durante toda la noche me decía: «Oye, peleándote por una toalla. Cuando quieras le puedes hablar a Pepe y pedirle una toalla sudada». Sí, sentí mucha vergüenza. Y con los años, pasó lo que dijo Omar. Fui a uno de los conciertos de Pepe, él se acercó hasta donde yo estaba sentada, y me entregó una de sus toallas en mi mano.

~ 7 ~

# PILARES DE LA FAMILIA

A LO LARGO DE TODOS estos años hemos aprendido y crecido como seres humanos, como profesionales, como pareja y como padres. Nos sentimos orgullosos del camino recorrido, a pesar de los tropiezos o equivocaciones, pues siempre hemos hecho lo mejor que podemos con la buena fe por delante. Y en este recorrido hemos ido de la mano de nuestras familias, a las que les hemos brindado un apoyo incondicional.

La historia personal de ambos se vuelve a juntar en un punto común: somos pilares de nuestras familias directas, y entendemos cuándo se hace necesario el soporte económico para ofrecerlo de inmediato. Los dos estamos conscientes de esta realidad y la asumimos en armonía, alentándonos mutuamente.

En las siguientes páginas queremos dejar plasmadas algunas de las más notables vivencias de nuestra infancia y adolescencia para juntarlas con esta etapa de adultos en la que la familia de ambos cobra un papel significativo. Por tratarse de recuerdos tan íntimos, escribiremos por separado con la misma emotividad desplegada desde las primeras letras de este libro.

# Argelia

Cuando me acuerdo de mi infancia, por lo general los recuerdos están empañados por la tristeza. Resulta muy difícil para mí buscar en mis archivos mentales, porque lo único que me viene a la mente son cosas tristes como la pobreza. Desde que tuve uso de razón, vivimos en un apartamentito donde carecíamos de comida y ropa.

Mis padres se conocieron en México, en San Juan de los Lagos, Jalisco. Mi papá, René Guadalupe Atilano, nació en Phoenix, Arizona, pero a las pocas semanas de haber nacido, su familia se mudó a San Pedro, California, donde vivía con sus padres, mis abuelos, Nicolás Atilano y Felicitas Atilano, a quienes yo llamaba papá Nico y mamá Licha. Debido al frágil y muy delicado estado de salud de mi papá, fue llevado de bebé a México donde lo criaron sus abuelos en un rancho llamado San Aparicio. Allí se recuperó favorablemente y le asentó tan bien el nuevo ambiente que mi papá se quedó el resto de su infancia con los abuelos en el rancho. Él iba a la escuela en San Juan de los Lagos y sucedió que durante la época de la adolescencia conoció a mi mamá, Mariana Núñez. Ella tenía trece años y al poco tiempo en la secundaria se hicieron noviecitos. Mi papá se vino para Estados Unidos a los dieciséis años y comenzó a trabajar, siempre manteniendo una relación a larga distancia con mi mamá a través de las cartas. Cuando cumplió los dieciocho años, en vez de inscribirse, huyó del *army* o ejército, y decidió irse a San Juan y pedir la mano de mi mamá.

Ella tenía dieciocho años y mi papá veinte cuando contrajeron matrimonio, así que eran prácticamente unos niños. Él, siendo ciudadano norteamericano, la trajo a Estados Unidos y se fueron a vivir a Chicago. Entonces le arregló los documentos y ella se hizo residente. En Chicago, nació mi hermana mayor, Oralia, y un par de meses después mi mamá salió embarazada de mí, así que yo también nací en Chicago. Sin embargo, como a los dos o tres años, decidieron mudarse a San Pedro, California, donde vivía toda la familia de mi papá.

Yo crecí en San Pedro, California, y fue ahí donde comencé a vivir las carencias, al menos en mis recuerdos. No entendía por qué mi hermana y yo no éramos como mis primas, las cuales tenían comida, ropa bonita, salían a cenar a restaurantes, y se iban a campamentos o de viaje. Y también era muy raro ver que mi papá casi nunca estaba en la casa; inclusive, crecí pensando que era normal que el padre no estuviera en el hogar. No obstante, a medida que pasaban los años, me di cuenta de que mi familia no era una familia feliz y mi mamá era una mujer muy triste. Ella lloraba muchísimo, escondida y en silencio, aunque frente a nosotras siempre se manifestaba muy fuerte.

Me tocó presenciar actos de violencia doméstica en mi casa. Veía cómo mis padres se faltaban el respeto y se tiraban cosas en medio de las peleas. Mi hermana y yo lo único que hacíamos era llorar, abrazarnos en un rincón y rezar. ¡Cómo rezábamos! A la Virgen de Guadalupe, a Diosito y hasta al santo predilecto de mi mamá, San Martín de Porres. Hacíamos esto porque desde muy niñas mi mamá nos inculcó la oración, de modo que rezábamos hincadas y siempre juntas al dormir y al levantarnos. Cuando pasaban episodios muy tristes en mi casa, en los que había gritos, insultos y golpes, mi hermana y yo nos abrazábamos fuerte pensando que nos íbamos a quedar «sin padre, ni madre, ni perro que nos ladre».

A los seis años, ya veía cosas muy feas en mi casa. Mi papá se desaparecía por semanas y mi mamá tenía que pedir dinero para poder comprar unas tortillas o un galón de leche. Nos despertábamos más temprano de lo normal a fin de ir a la iglesia a pedir pan y queso para poder comer algo. Mi mamá no trabajaba, porque mi papá siempre se lo prohibió, y ese era uno de los motivos de tantos pleitos. Por otro lado, mi mamá estaba sola en este país. Ella era hija única, no tenía ninguna familia, solo la de mi papá. Entonces, por pena, orgullo o cualquier otra razón, no acudió a mis abuelos y mucho menos les pidió dinero a mis tíos paternos, que por cierto siempre fueron muy nobles con nosotros. Mis tías en San Pedro nos invitaban a comer a su casa muy a menudo y nos asistían, pero la necesidad persistía. Prácticamente, vivíamos de limosna en limosna.

En nuestros cumpleaños, mi mamá se las arreglaba para ir a la tienda de la esquina y comprar una cajita de un dólar para hacer un pastelito. Después que lo hacía, nos cantaba las mañanitas, pero nunca tuve una fiesta de cumpleaños con piñata, globos o regalos. No supe lo que era eso que tanto deleita a los niños. Sin embargo, cuando recuerdo mi relación con mi papá en aquellos años, pienso que él fue un hombre muy cariñoso conmigo; nunca me puso la mano encima y nunca me gané un regaño grave de su parte.

Fui una niña muy callada. Veía tantas cosas desagradables, que de alguna manera eso me afectó emocionalmente. Decidí no decir nada, así que me guardaba para mí muchas cosas y todo lo que cuestionaba se quedaba entre Dios y yo. Sentía cierto resentimiento, porque pensaba que no era justo que otros niños tuviesen ropa para estrenar el primer día de clases y yo debiera ir con las sobras de mi hermana. La poca ropa que podíamos comprar era para mi hermana, la mayor. Ella crecía muy rápido, y cuando ya no le servía, me la pasaban a mí. Mis mochilas de la escuela también eran las que ella dejaba. Muy rara vez estrené un par de zapatos o un vestido, porque la mayoría de mi ropa me la compraba mi mamá en la tienda de segunda mano *The Salvation Army* de la avenida Pacific.

Recuerdo que me traía a casa los lápices de la escuela, e inclusive me llegué a robar plumas y marcadores de «Hello Kitty» en una tiendita para poder hacer mis tareas como la hacían mis amigas. No había dinero tampoco para eso, y yo no quería molestar a mi mamá diciéndole que me hacía falta un lápiz de color rosa. Entonces, sin que nadie lo supiera, tomaba cosas de la escuela: hojas, tijeritas, borradores y pegamento. Eso sí, siempre fui muy estudiosa y aplicada; me encantaba la escuela. Mi refugio consistía en encerrarme por horas en el único cuarto que teníamos en aquel entonces para que nadie me molestara y ponerme a estudiar o hacer mi tarea. A mi mamá le gustaba eso de mí; nunca tuvo necesidad de pedirme que hiciera los deberes escolares.

Mi hermana aceptaba de principio a fin la situación que vivíamos en casa. Yo no, en absoluto; a mí no me gustaba para nada. Hasta un punto en el que a veces me decía: «Odio a mis padres». No porque me trataban mal, sino por toda la situación. Además, nuestro apartamento daba a un callejón donde frecuentemente había balaceras, los vecinos de al lado se peleaban a cada rato y llegaba la policía, los vecinos de atrás discutían con mi mamá porque tenían niños y a veces jugábamos y hacíamos mucho ruido. Verdaderamente, no era un ambiente propio para los pequeños.

Nunca me dieron una nalgada, que yo recuerde. Mi mamá sí me aventaba una pantufla, me daba un jalón de pelo o uno de sus famosos pellizcos en el brazo, ya que quizás ese día decidí no lavar los platos o recoger mis zapatos. Ella siempre impuso su disciplina: un día le tocaba lavar los platos a Oralia y un día a Argelia. Los sábados no podíamos salir de nuestra casa hasta después de limpiar, «si no limpian, no salen» nos decía mi mamá y nos prendía la música a todo volumen para inspirarnos. Era un lugar donde apenas cabíamos, pero ella nos enseñó a ser limpias y ordenadas. Yo siempre seguía las reglas, pero aunque no decía nada, nunca me gustó el lugar donde vivía.

Y de pronto pasó lo que tenía que pasar: mi mamá quedó embarazada de nuevo, pensando que un embarazo iba a hacer cambiar a mi papá. Él andaba de mujeriego y se iba a las cantinas varias veces a la semana, mientras mi mamá sufría en casa sola con sus dos hijas. Como era de esperarse, su idea de hacerlo cambiar con un nuevo embarazo no funcionó.

Aquel día, mi tía Carmen nos recogió en la escuela a mi hermana Oralia y a mí, lo cual nos dio mucho gusto, porque eso significaba que mi hermanita ya había nacido. En un par de días, mi mamá regresó del hospital con una bebé hermosa, a la que Oralia y yo estábamos esperando ansiosamente. A mis ocho años, cargaba por primera vez a mi hermanita Mayra. Lo recuerdo como un momento agridulce. Mi papá no se encontraba en casa, pues ya había tomado la decisión de abandonarnos, pero aunque yo no entendía del todo lo que sucedía entre mis padres, simplemente me sentía feliz de tener a mi hermanita entre mis brazos. Ese día lo llevo muy marcado en mi vida, porque en ese momento entendí que Dios nunca nos abandona: él supo llenar inmediatamente el doloroso vacío de la ausencia de mi padre con la llegada de Mayrita a nuestras vidas.

Más adelante, fue a visitarnos para plantear que quería llevarse a una de las niñas con él. Y me escogió a mí. Ese día me pusieron entre mi papá y mi mamá. Desde el primer instante, mi madre le dijo que no me iría con él. Entonces, en medio de la discusión, mi papá me preguntó: «¿Tú te quieres ir conmigo?». Yo tenía mucho miedo, así que como pude le dije que no, que quería estar con mis hermanas y mi mamá. Él se fue y no lo volvimos a ver por mucho tiempo.

Sin embargo, en el verano de 1987, cuando acababa de terminar mis estudios de primaria, mi mamá le dio una segunda oportunidad a mi papá y nos fuimos todos de vacaciones a San Juan de los Lagos. Recuerdo que mi papá nos llevó por carretera y esos tres días viajando en el carro resultaron espantosos. Yo vomitaba y me mareaba, mientras que mi papá fumaba como chimenea, de modo que tuvimos que respirar ese humo durante tres días corridos, porque él no descansaba. Apenas dormía una siesta de una hora y seguía el camino. Manejó todo el día y toda la noche, desde San Pedro, California, hasta San Juan de los Lagos, en Jalisco. No sé cómo llegamos vivos, porque en dos oportunidades por poco nos caemos por los peligrosos barrancos de las carreteras.

Estábamos muy contentos en San Juan con mi abuela cuando mi papá anunció que iba a regresar, ya que tenía un trabajo imprevisto. Le dijo a mi mamá: «El verano es muy largo, son casi tres meses, así que quédate aquí con las niñas, convivan con la familia y tu mamá, yo me voy a trabajar». Sin embargo, pasaron los tres meses y mi papá no escribía, pues en ese entonces todavía se mandaban cartas para comunicarse. Mi mamá comenzó a preocuparse. Oralia y yo íbamos a entrar a la secundaria y mi papá no aparecía. Después, alguien le informó que mi papá tenía una vida paralela con otra mujer. Para mi mamá eso fue un golpe muy duro; la vi llorar como nunca lo había hecho.

Mi abuela materna, mamá Toña, nos recibió con mucha alegría y nos acogió en su casita de adobe. Ella nos mantuvo con sus pocos ahorros y nos sacó adelante a las tres hermanas —la pequeña ya tenía cuatro años— y a mi mamá. Yo me sentía miserable, porque quería regresar a Estados Unidos con mis amiguitas. Fue una batalla increíble. Finalmente, mi mamá nos registró en la Benigno Romo, una secundaria pública en San Juan, y por primera vez comenzamos a ir uniformadas al colegio, como se acostumbra en México.

Afortunadamente, como mi hermana y yo hablábamos inglés, tuvimos mucha popularidad en el colegio. Éramos las nuevas niñas de Estados Unidos. Me llovían las amiguitas, y de repente me di cuenta de que estar en una secundaria en México no resultaba del todo mal. En Estados Unidos era la chica calladita y reservada, pero en México me convertí en la chica popular, con muchas amigas. Y como siempre fui muy disciplinada en la escuela, me puse al día con las materias y resulté ser una de las estudiantes más brillantes de la secundaria. Era como un fenómeno: la pochita inteligente y estudiosa.

Durante esa etapa, también sufrimos muchas carencias, porque mamá Toña solo tenía las entradas que le daba la venta de dulces en la calle y la costura. Todos los días se levantaba a las 5:00 a.m. y se ponía a coser delantales para la cocina en su antigua máquina de coser «SINGER». En la tarde tiraba telas blancas, que ella llamaba mantas, las estiraba y las deshilaba hilo por hilo.

Mamá Toña podía pasar muchos días deshilando una sola manta, y una vez que terminaba, sacaba sus hilos de colores y comenzaba a hacer sus diseños. Ella se esmeraba haciendo manteles, colchas y fundas. Yo crecí viendo a una abuela muy creativa con ese tipo de arte. Y me preguntaba cómo era posible que algo que requería tanto tiempo lo vendiera casi regalado, solo para mantener a su hija y sus tres nietas.

Nosotras vivíamos en la Prolongación Gallito, una calle muy concurrida cerca de un lugar que se llama «El Pocito». En ese sitio se dio uno de los milagros que se le adjudican a la Virgen de San Juan de los Lagos, donde todos los habitantes son muy fieles a la iglesia católica. Decenas de creyentes de todo el país iban a cumplir sus promesas los fines de semana y pasaban por nuestra calle para llegar al Pocito milagroso. Así que mamá Toña todos los sábados y domingos, desde las 6:00 a.m., colocaba en la calle lo que había cosido durante la semana, y por fortuna lo vendía todo. Gracias a su arte teníamos uniformes para el colegio y comida en casa. Eso sí, comíamos sopitas de fideos todos los días con frijoles, nopalitos, calabacitas, una carnita una vez a la semana o un bistec de hígado encebollado, el platillo favorito de mi abuela.

En San Juan vivimos un poco más de dos años, literalmente abandonadas por mi papá. Mi abuela se comenzó a enfermar y ya no tenía la misma energía que antes, por lo que mi mamá se armó de valor y tomó la decisión de regresar a Los Ángeles de nuevo, esta vez en tren. Se llevó a nuestra hermanita Mayra y nos dejó a Oralia y a mí con mamá Toña mientras ella buscaba dónde ubicarse y un trabajo para subsistir.

Fue un viaje horrible, porque el tren se descarriló en una montaña y la mitad de los pasajeros murió. El trágico accidente salió en la prensa y nosotras nos enteramos, pero decidimos no decirle nada a la abuela para no matarla de un susto. Yo estaba alarmada y desesperada, pues no supimos de mi mamá y mi hermanita durante tres días. Finalmente, mi mamá se comunicó con nosotras con la buena noticia de que una amiga muy querida desde su infancia, Paty Morales, le había abierto las puertas de su casa mientras se acomodaba de nuevo en Los Ángeles.

Durante los tres meses que pasamos separadas, mi mamá nos llamaba con frecuencia. Yo quería estar con ella, pero también me dolía mucho saber que íbamos a dejar sola a mamá Toña. Aunque nos regañaba y era muy estricta, me daba pesar su situación. Sin embargo, mi abuela siempre había vivido sola, porque mi abuelo falleció apenas mi mamá se casó. Despedirme de mi mamá Toña fue muy triste y doloroso. Afortunadamente, en nuestros pueblos los vecinos se cuidan y están al tanto unos de otros. Y así fue.

Mi hermana y yo regresamos a Los Ángeles cuando yo había cumplido catorce años. Fue una aventura, pero en esta ocasión muy agradable: viajábamos en avión por primera vez. Mi mamá pudo comprar los boletos y nosotras estábamos felices de montarnos en un avión. Y es que, además del apoyo de sus amistades y familiares, consiguió un trabajo y obtuvo ayuda del gobierno, así que ya podíamos contar con las coloridas estampillas de comida y no habría carencia de ese tipo.

En casa de la amiga de mi mamá en Los Ángeles teníamos techo y comida, pero dormíamos las cuatro en la sala en un sofá cama, porque no había disponible un espacio aparte para nosotras. Al llegar, mi mamá nos inscribió en Bell Gardens High School, lo cual significó volver a empezar: un nuevo sistema escolar y nuevas amistades en un plantel enorme. Otra vez volví a ser la chica seria, callada, un poco temerosa y desconfiada. Yo me decía: «¿Dónde está nuestro lugar; dónde está el hogar?». Sentía que nunca había tenido un hogar verdadero.

Cuando comencé a hacer mis amistades en la escuela, no las podía invitar a la casa, pues no sabía cómo decirles que no tenía un lugar, sino solo un sofá cama para compartir. Y a raíz de eso, me dije: «Esto tiene que cambiar; no quiero vivir así». Ahí fue cuando yo solita resolví que la única salida para esa situación consistía en estudiar mucho a fin de ir a la universidad, hacer mucho dinero y poder comprar una casa. Esa era mi meta: comprar una casa. Sentía que no era justo que no tuviéramos una casa, un hogar; y ese fue mi motor.

Obviamente, mi mamá no nos iba a dejar trabajar, así que mi única salida era poner todo mi esfuerzo en los libros. Yo me quedaba en la escuela lo más que podía para aprovechar y estudiar en la biblioteca, ya que la casa donde estábamos era muy ruidosa. Había otras personas viviendo ahí, pues la amiga de mi mamá estaba casada, tenía sus propios hijos, y un familiar del esposo también vivía con ellos.

En el ínterin, mi papá se enteró de que habíamos regresado a Los Ángeles y, nuevamente quiso convencer a mi mamá de volver con él. En un momento dado, mi mamá nos preguntó si nos gustaría vivir de nuevo con mi padre. Mi hermana mayor y yo nos miramos y dijimos al unísono: «¡No!». Por alguna razón, sabíamos que nada iba a cambiar y que otra vez iba a haber sufrimiento. Aunque sí le dijimos a mi mamá: «Si ustedes se aman, adelante; pero si nada más quieren volver por nosotras, ni se esfuercen, porque estamos muy bien así como estamos». Cuando mi mamá se lo comunicó a mi papá, él se enojó y nos dejó de hablar otra vez por mucho tiempo.

Uno o dos años después, la familia con quien vivíamos compró una casa muy bonita en Pomona y nos mudamos con ellos. La casa era un poco más grande y nos rentaron un cuarto donde solo cabían dos camitas: en una dormíamos mi hermana Oralia y yo, y en la otra lo hacía mi hermanita, porque la cama era muy chiquita. Mi mamá dormía en el suelo, y a veces nos turnábamos para que ella durmiera en la cama.

Me sentía muy cohibida cuando salía fuera de nuestro cuarto. Me costaba mucho tener la libertad de entrar en la cocina y agarrar tan solo un vaso de leche, pues pensaba que era una falta de respeto en una casa que no era mía. Cuando me daba hambre, esperaba hasta la media noche para ir a comer algo, porque me daba pena que me vieran. Aunque mi mamá aportaba dinero para la comida y los gastos eran compartidos, igualmente yo sentía que esa no era mi casa. Tampoco usaba el teléfono para hablarle a una amiga ni veía el televisor, ya que no era nuestro.

En aquel entonces, mi mamá intentó rehacer su vida: conoció a alguien y comenzaron a salir juntos. Lamentablemente, la relación no funcionó, pero nos dejó un sorprendente y hermoso regalo: mi mamá quedó embarazada. Ella parecía primeriza, estaba demasiado nerviosa y alterada por ese cuarto embarazo, mientras que mi hermana Oralia y yo brincábamos de la alegría al saber que tendríamos un bebé en casa nuevamente. Aún no sabíamos que era una niña, e imaginábamos que podría llegar el esperado hermanito. Paralelamente, mi mamá entendió que nosotras éramos ya adolescentes y no se sentía nada a gusto viviendo en una casa donde había hombres y muy poca privacidad. Ante toda esa situación, hizo un gran esfuerzo para encontrar un apartamento pequeño y mudarnos del hogar que nos había proporcionado un techo durante varios años gracias a Patricia Morales, la amiga de mi mamá, quien es como su hermana y a quien yo personalmente llamo «mi ángel». Ella prácticamente nos dio protección, alivio y refugio. Por fortuna, en el noventa, mi mamá consiguió un lugarcito en el corazón del este de Los Ángeles: un apartamento de una sola recámara, escondido entre las avenidas Brooklyn y Mariana, el mismo nombre de mi mamá: Mariana. En ese momento, ella dijo: «De aquí soy», así que nos quedamos ahí para comenzar desde cero.

Vanessa, mi hermanita más pequeña, nació poco antes de mudarnos a ese lugar del este, cuando yo tenía dieciséis años. Inicialmente no me gustó para nada la idea de mudarnos al este de Los Ángeles, porque había escuchado cosas horribles, pero en cuanto mi mamá me mencionó que asistiría a Garfield High School, me ilusioné. Se trataba de la misma escuela donde estaba el profesor Jaime Escalante, cuyo éxito con los alumnos y las matemáticas llevó al plantel a la pantalla grande en la cinta *Stand &* *Deliver*. Así que le dije adiós a Ganesha High School en Pomona y nos mudamos temerosas, pero al mismo tiempo felices de la vida, porque nada más éramos nosotras: mi madre, mis tres hermanas y yo, quien muy pronto pasaría a ser alumna de la famosa *«Garfil»* como dice mi mamá. El espacio en nuestro nuevo apartamento era bien chiquito, pero al menos estábamos solas. Teníamos una salita, un clóset, una recámara donde cabían dos literas y la cocinita, que era un pasillo pequeño con el refrigerador y la estufa ahí, y cuando volteabas, estaba el fregadero. El baño resultaba tan pequeño que cuando nos bañábamos mojábamos el excusado. Ese era nuestro hogar y nadie nos iba a molestar. Mientras tanto, yo seguía con mi meta de esforzarme estudiando para ir a la universidad. Avanzaba como los caballos: sin distracciones y mirando hacia el frente.

Lo que mi mamá no sabía cuando rentó ese apartamento es que se encontraba situado justo detrás de un club nocturno —recuerdo que se llamaba «La Tormenta»— donde cada noche había borrachos, música estruendosa, pleitos y hasta balazos. Solo una barda bajita de cemento dividía ese lugar de nuestra casa y nos costó mucho acostumbrarnos al ruido. A cada rato llegaba la policía y nos despertaba con sus sirenas, o pasaba el helicóptero buscando a criminales. Mi mamá no sabía que nos estábamos mudando a una zona caliente del este de Los Ángeles. Pero ni modo, no teníamos más opción que acoplarnos y ajustarnos a la cruda y ruidosa realidad.

Al principio, me resultaba muy difícil estudiar, porque además Vanessa estaba recién nacida. De pronto, la bebé lloraba, o mi mamá estaba viendo una novela en la televisión, o mi hermanita Mayra —quien ya tenía ocho años— jugaba y gritaba. Así que me las ingenié y construí un «estudio». Resulta que el clóset que teníamos en el pasillo que daba al baño era como una pequeña adición al apartamento, en el cual habían colocado una barra de metal para enganchar la ropa. Ahí colgábamos toda la ropa nuestra, que no era mucha, y todavía quedaba un hueco atrás. Entonces, agarré una mesita abandonada que estaba en el patio trasero, la limpié, le coloqué un mantel y la puse en el pequeño hueco, donde cupo perfectamente detrás de la ropa. Ese era mi escritorio. Después, busqué una sillita de esas que se doblan y fui a la tienda a comprar unas tablitas que puse como repisa para colocar mis libros y materiales.

Así, cada noche, yo me iba a mi «estudio». Y por alguna razón, la ropa colgada ayudaba a que no entrara el ruido de «La Tormenta», cuyo nombre era perfecto, porque realmente me atormentaba cada noche. En mi «estudio» tampoco escuchaba la televisión o el llanto de la bebé... Solo era yo, estudiando entre toda esa ropa. ¡Y me funcionó de maravilla! Eso sí, llegaban las cucarachas y me pasaban los ratones como si nada. Inclusive, le gritaba a mi mamá: «Ya llegó la visita!». En mi mente, yo decía que ellos eran mis amiguitos guardianes que me acompañaban en la noche. También me llegaban esas enormes cucarachas voladoras a las que antes les tenía asco y pavor. De pronto escuchaba ruidos extraños e inmediatamente sabía que era un ratón, pero no podía detenerme a pensar en nada: tenía que estudiar.

Y así estudié durante dos años y medio hasta que me gradué de Garfield High School con honores y con cinco aceptaciones a distintas universidades. Cuando hice las aplicaciones, conté mi historia sobre cómo me las ingenié para estudiar, evidenciando que no importa cuál es tu condición en la vida, no importa si no tienes dinero o un espacio apropiado en donde vivir, porque lo primordial es seguir enfocado y avanzar en tus metas.

Entre las cinco universidades, escogí la Universidad Loyola Marymount para estudiar Comunicación Social y Literatura Hispanoamericana. Nosotras seguíamos viviendo en el este de Los Ángeles, pero yo me mudé al campus universitario, donde por primera vez dormía en mi propia cama. Debo de admitir que se sentía muy extraño, pero me gustaba la idea de no compartir con mi hermana Oralia quien siempre fue muy inquieta para dormir. Sin embargo, cada fin de semana me iba a casa: tomaba el autobús, o una compañera que vivía en la misma zona me daba un aventón, o mi mamá conseguía que alguien fuera por mí. El punto es que, durante mis estudios en la universidad, todos los fines de semana me los pasaba en la casa con mi mamá y mis hermanas.

De aquella etapa tengo un recuerdo imborrable. Un día durante la semana fui a comer con unos amigos a un restaurante cerca de la universidad, y en el momento en que me dirigí al baño recibí una fuerte sorpresa: me encontré a mi papá limpiando los baños. Para mí fue un *shock*. Me tropecé con él después de muchos años sin verlo. Él estaba con sus químicos de limpieza, vestido con una chamarra tipo uniforme y una cachucha con el logo de la compañía de limpieza. Lo vi y me quedé sin habla, y a él le pasó lo mismo. Lo primero que pensé fue: «Mis amigos van a ver lo que está pasando aquí, y les va a parecer muy raro». Así que lo empujé hacia el baño y le dije: «¿Qué está haciendo aquí?». Y él me respondió: «Estoy limpiando los baños, este es mi trabajo».

Enseguida, mi papá me preguntó qué hacía yo ahí, y le expliqué que me estaba tomando un descanso de los estudios para ir a comer cerca de la universidad. Él se asombró: «¿En la universidad? ¿Qué haces en la universidad?». Lo dijo como si no le gustara la idea. Yo le contesté calmadamente: «Estoy estudiando, tengo meses cursando mi primer año, y vine a comer con mis amigos. Pero no quiero que nos vean, ellos no saben mi historia personal». Le pedí su número de teléfono para evitar que mis amigos conocieran a mi papá ese día y le dije: «Me tengo que regresar a la mesa. Por favor, no me busque. Yo le llamo a usted». Realmente, tenía mucho coraje por todo lo que había pasado desde que nos abandonó; sentía una rabia enorme y quería reclamarle muchas cosas, pero ese no era el momento.

Al día siguiente, lo llamé y él fue a visitarme a la universidad un par de días después, sin su uniforme. Ahí sí hablamos largo y tendido por horas y horas. Lloramos, nos desahogamos y él me pidió perdón. Inclusive, me dijo que quería ayudarme a pagar mis estudios, pero le respondí que no necesitaba ni un centavo de él. Las palabras salieron de lo más profundo de mi corazón: «Así como hemos podido seguir adelante sin su ayuda, a estas alturas del camino créame que no lo necesito. Si quiere ser mi amigo, adelante. Ya sabe que aquí vivo, y aquí me va a encontrar, pero no puedo aceptar ni un centavo, porque yo no quiero que usted sea parte de este sueño. Yo estoy viviendo un sueño, voy a cumplir mis metas, voy a comprar una casa, voy a tener un diploma, y voy a tener una carrera y una profesión. Y no quiero que usted forme parte de nada de eso, porque no se lo merece». Fui muy fuerte con él, pero tenía que sacar todo lo que tenía adentro.

Igualmente, le detallé lo que habíamos sufrido durante esos años: la ayuda de mamá Toña, quien vendía casi regaladas sus obras de arte para mantenernos; la travesía en tren de mi mamá, quien por poco se muere con mi hermanita; el hecho de depender de las estampillas del gobierno para comer y de dormir en un sofá en casa de alguien que nos dio albergue... Y le dije: «Todo esto sucedió porque usted no pudo ser responsable. Usted se olvidó de que tenía tres hijas y una esposa». Le dolió mucho escucharlo de mí.

Continué mis estudios universitarios hasta 1997, cuando me gradué. Por fortuna, durante el último año de mis estudios conseguí una beca de quinientos dólares que venía con la tremenda oportunidad de ser *intern* o pasante en Telemundo Canal 52. Y, gracias a esa experiencia de mucho aprendizaje, logré que me emplearan una vez a la semana como asistente de la directora de noticias, Sandra Thomas. Cuando era pasante, yo quería hacer reportajes desde la calle, pero ella me decía: «El día que te gradúes y me entregues tu diploma, te daré tu primera oportunidad, antes no». Ella me enfatizaba que muchos jóvenes dejaban la universidad antes de tiempo para comenzar a trabajar en la televisión y no quería que eso pasara conmigo. Me recibí un domingo 7 de mayo y a la mañana siguiente ya estaba en su oficina entregándole mi diploma. Ella también cumplió y me comenzó a escuchar. Estando ahí, aproveché para aprender más sobre la ciencia de la comunicación y llegué a tomar iniciativas; inclusive, ofrecí un par de ideas para el noticiero que gustaron mucho. Fue entonces cuando la directora me contrató como reportera juvenil para un nuevo segmento llamado «Generación X». Oficialmente, ya tenía un trabajo en un canal de televisión en Los Ángeles.

Por otro lado, cuando terminé la universidad decidí regresar a casa con mi mamá y mis hermanas. Yo trabajaba en Telemundo y Oralia también había conseguido empleo. Así que planeamos un horario para que mi mamá pudiera buscar un trabajo de medio tiempo que afortunadamente encontró. Desde entonces, comencé a ahorrar dinero. No me pagaban mucho, pero sí era mil veces más de lo que me daban en la universidad. A los tres meses, le dije a mi mamá: «Tenemos lo suficiente para salirnos de esta zona caliente». Mi plan era comprar una casa más adelante, pero teníamos que empezar al menos con un apartamento de dos habitaciones, en una zona con mayor seguridad. Entonces, comencé la búsqueda y encontré uno cerca de la ciudad de Montebello, todavía en el este de Los Ángeles, pero en los límites de una ciudad, con menos pandillas y menos drogas que más al este.

Nos mudamos las cinco a un apartamentito situado entre Beverly Boulevard y la calle Sadler. Por cierto, Omar y yo, sin que lo supiéramos en ese entonces, tuvimos ahí otra coincidencia. En la esquina donde vivíamos había una escuela de locución. Años después, cuando conocí a Omar, me contó que él iba a esa escuela varias veces a la semana a dar clases de locución. Quizás nos cruzamos en alguna oportunidad. Uno nunca sabe. Yo trabajaba en ese momento como reportera de Telemundo en el noticiero de las 11:00 p.m. y llegaba a casa cerca de la medianoche.

En aquel entonces, mi mamá trabajaba en una fábrica desde las 11:00 p.m. hasta las 7:00 u 8:00 a.m. Ella llegaba a casa a

dormir, pero podía recoger a mi hermanita Vanessa cuando salía
de la escuela y darle de comer. Oralia, mi hermana mayor, se iba a
trabajar a las 5:00 a.m. a un centro de diálisis, y cuando salía a
desayunar, aprovechaba y llevaba a mi otra hermana, Mayra, al
colegio. Y yo me encargaba de llevar a mi Vanessita a su escuela en
la mañana. Teníamos todo bien planificado. Nunca necesitamos
una niñera; planeábamos bien nuestros horarios para que alguna
de nosotras estuviese pendiente de las niñas. No sé cómo lo hicimos, pero lo logramos.

Durante un largo tiempo de esa etapa no veía mucho a mi
mamá en casa, porque, después de más de veinte años, era la primera vez que volvía a trabajar en Estados Unidos. Ella sabía que
sus hijas mayores teníamos capacidad para ayudarla con la responsabilidad de las dos niñas pequeñas. Además, ya manejábamos
y podíamos ir al supermercado y a la lavandería en carro, sin necesidad de caminar cuadras largas arrastrando el ruidoso carrito de
hierro por la calle como lo hicimos por tantos años. Le dijimos
adiós a esos días tediosos, y poco a poco todo cambió. Nos fuimos
acoplando muy bien.

Y paralelamente, yo iba subiendo en Telemundo, lo que significaba que iban aumentando mis ingresos y mis ahorros. Hasta que a finales del año 2000 decidí buscar una casita para
comprar en el este de Los Ángeles. Escogí esa zona porque le
gustaba a mi mamá y se le facilitaba todo, así podía caminar
para ir al supermercado y otras diligencias. Por fin encontré una
casita perfecta para nosotras: tres recámaras, una sala muy
bonita y espaciosa, un comedor, el garaje y, como si fuera poco,
hasta un apartamento atrás. Cuando la vi, me dije: «Yo quiero
comprar esto».

La verdad es que no tenía idea de cómo se compra una casa.
No entendía mucho sobre los puntos o los intereses. Sin embargo,
me decidí. Toqué puertas, investigué quién era la persona que vendía la casa que me gustaba, y luego, paso a paso, hice todo lo que

tenía que hacer. Yo había ahorrado y pagado todas mis deudas de la universidad, pues aunque estuve becada al setenta y cinco por ciento, salí con una deuda de veinticinco mil dólares. Con mis ahorros, pude dar la inicial que me pedían para la compra, y el 14 de febrero de 2001 me entregaron las llaves de esa casita, la cual necesitaba remodelación y pintura, porque realmente estaba maltratada.

Con toda la felicidad del mundo, llegué al apartamento y le dije a mi mamá: «Esto es para usted», y le entregué las llaves de la casa el día del amor y la amistad. Todavía veo claramente su carita en ese momento. Ella sabía que yo andaba buscando un lugar, pero no se imaginaba con cuánta seriedad lo estaba haciendo. Ese 14 de febrero de 2001 le dije: «Otro sueño cumplido, aquí está su casa». No hay palabras que puedan describir lo que significó ese momento para ambas. Yo apenas tenía veintitrés años.

Siempre le dije a mi mamá que esa casa iba a ser también el nido de todas nosotras: «Si a alguna nos surge cualquier problema o situación en el futuro cuando nos casemos o nos vayamos de su lado, aquí está el nido». Yo hice todo el papeleo y puse el dinero, pero desde el primer momento dije que esa casa es de todas.

Mis hermanas pequeñas también salieron muy estudiosas. Mayra, la que me sigue, aplicó a universidades muy prestigiosas y decidió seguir mis pasos en la Universidad Loyola Marymount. Cuando yo estaba estudiando y me iban a visitar al campus, ella observaba y le gustaba la idea de estar ahí, entonces decía: «Yo quiero tener lo que mi hermana Argelia tiene, quiero vivir la vida que ella vive». Y hasta la fecha dice que yo fui quien abrió muchas puertas para ella.

Mientras que Vanessa, la chiquita, fue más allá. Cuando le comentaba que ella iría a Loyola Marymount, se me quedaba mirando y afirmaba: «Yo tengo otros planes, mis planes son enormes». A mí se me salía el corazón de la emoción, porque yo soñaba, pero mi hermanita soñaba en grande. Ella siempre quiso más. Y durante toda su educación fue muy destacada, hasta el punto en que nos preocupó su inteligencia. Era muy analítica, observaba y sabía todo.

Me acuerdo que, durante sus últimos días de preparatoria, Vanessa me llamó llorando. Me asusté pensando que algo horrible le estaría pasando. Solo decía: «Estoy estresada, no sé qué voy a hacer, no sé qué va a ser de mi vida». Yo pensé lo peor, porque lloraba mucho. Hasta que, finalmente, me dijo: «Me han aceptado todas las universidades y no sé a dónde ir». Yo sabía que había aplicado a diez universidades, pero jamás me imaginé que todas la fueran a aceptar. Después, aún entre llantos, me dijo: «De las diez que me aceptaron, ya descarté siete, pero todavía no sé qué hacer. No sé si aceptar Dartmouth, Stanford o Yale».

En ese momento, mientras hablaba con Vanessa por teléfono, yo tenía cargada a Camila, quien estaba recién nacida. Tuve que darle la niña a mi mamá, me tiré al piso y lloré largamente. Me hallaba en el piso llorando, pensando que mi hermanita tenía la opción de escoger, y no como yo que me escogieron. Sentí que todo lo que había estudiado y había vivido estaba dando sus frutos. Sentía una enorme satisfacción, y todo lo que habíamos sufrido durante tantos años se apoderó de mi mente en ese instante e hice un recorrido, fue como un *flashback*.

Graciosamente, mi mamá no entendía lo que estaba pasando: «¿Qué es Yale y Stanford?», preguntaba. Entre lágrimas y euforia, le expliqué que son las universidades más prestigiosas del país y el mundo, y que la gente viene del extranjero y se pelea por estudiar en esas instituciones. Dios mío, que Vanessa fuera aceptada significaba que la niña estaba muy dotada, y, para nuestra historia, implicaba cerrar con broche de oro. Cuatro años después, Vanessa se graduó en Psicología en la Universidad Yale, e inmediatamente formó parte de un equipo de investigación en Boston. Cuando se graduó, ya tenía tres ofertas de trabajo. La verdad es que mi hermanita Vanessa nunca nos ha dejado de sorprender, pues hoy por hoy acaba de ser aceptada en la Universidad de California, Los Ángeles (UCLA) y la Universidad del Sur de California (USC), y ha elegido esta última para continuar sus estudios y obtener su soñado doctorado. El corazón se me engrandece cuando pienso que en un futuro muy cercano «tendremos a una doctora en casa».

Si no hubiera sido por mi mamá, su historia, su esfuerzo y lo que ella nos dio, quizás yo no hubiera tenido la motivación para hacer todo lo que hice siendo tan joven. En las familias mexicanas, por lo general, hay como un líder entre los hermanos; es el hermano o hermana que empieza a controlar el hogar cuando los padres se van enfermando o se hacen muy mayores. En mi caso, eso se dio naturalmente, y no porque mi mamá me dijera: «Tú vas a ser la que me vas a cuidar y la que vas a proveer». Simplemente, se dio. Creo que estudiar, tener buenas calificaciones y ser buena hija poco a poco me hizo responsable de la casa. Y cuando me fui a la universidad, sabía que tenía que regresar a casa cuando me graduara para proveer y seguir ayudando con la renta y los gastos. Esa era mi responsabilidad de hija.

Sentí que mi hermana mayor no quiso desempeñar ese papel con tanta seriedad. Además, ella tuvo novio pronto y se casó. De repente, surgió la líder Argelia, y poco a poco fui la que empecé a asumir ese rol. Y a mi mamá le encantó. Ella siempre contaba conmigo para todo, y hasta la fecha he estado siempre ahí para ella y mis hermanas, desde la mayor hasta la chiquita. Mi mamá depende de mí como yo dependo de ella ahora por las niñas. Aún vive en esa casa que compré y es completamente nuestra, porque ya está pagada por completo.

Cuando nació Camila, nuestra primera hija, mi mamá decidió irse a vivir con nosotros para darme una mano durante tres o cuatro meses. Sin embargo, al mismo tiempo estaba sufriendo el duro golpe de saber que Vanessa, la chiquita de la familia, se iba a Connecticut a estudiar en Yale. Mi mamá se sentía destrozada, pues su hija más pequeña ya no estaría a su lado. Y mi otra hermana, Mayra, trabajaba todo el día. Así que me tocó verla llorar bastante.

Tal como lo había planificado, dejé a Camila con Omar y acompañé a mi mamá a Yale a llevar a Vanessa. Tuve que consolarla mucho durante el camino, y fue cuando le dije: «Pensándolo bien, mamá, se te fue una hija de forma temporal a estudiar por cuatro años, pero curiosamente te llegó una nieta. ¿Por qué no te quedas una temporada en mi casa y Omar y yo te pagamos para que también lo veas como un trabajo? Porque, ¿cuál es tu plan? ¿Qué vas a hacer? ¿Vas a ponerte a trabajar en una fábrica?».

Y a la vez me decía: «¿Cómo voy a permitir que mi mamá trabaje en una fábrica, que viva sola en el este de Los Ángeles y que, prácticamente, esté sola todo el día?». Siento que Dios lo cuadró todo perfectamente, porque no tuve que hacer mucho para convencerla. A ella le pareció muy bien el plan de venir conmigo a casa de lunes a viernes, y a mí me ayudaba muchísimo. El hecho de que mi hija creciera con la abuela en la casa, que aprendiera de ella las costumbres y el idioma —así como yo viví con mamá Toña— era para mí el plan perfecto.

Mi mamá no quería aceptar el dinero que le ofrecí, pero le expliqué: «Míralo como un trabajo. Aquí vas a ganar más de lo que ganarías en una fábrica, y estás en una casa, con aire acondicionado, comida, te vamos a sacar a pasear, estás con tu nieta y tu hija». Finalmente, dijo que sí y se quedó. Ella siempre dice: «Si no fuera por Argelia, estaría sola, trabajando quizás en una fábrica». Entonces yo siento una gran responsabilidad, porque su estilo de vida es más confortable y feliz gracias a lo que le he podido dar. Le he dado techo, comida, ayuda económica, y aparte, le di dos nietas que la hacen una abuela muy feliz. Ella me ha dicho: «Fuiste la primera que me compró una casa, la primera que fue a la universidad y la primera que me hizo abuela al darme dos hermosas nietas». No es que yo quiera ser la primera en todo, sino que simplemente así se han dado las cosas. Quiero pensar que Dios así lo quiso.

Mis hermanas no sienten celos, al contrario, con todas tengo una relación muy especial. Sentimos respeto mutuo y nunca se han expresado de mí como la hija favorita. Quiero que se sepa que mi mamá me ha regañado, me ha criticado y me ha puesto en mi lugar, aun después de casada. Cuando mi mamá y yo estamos de malas y empezamos a discutir, me callo y me retiro para evitar decirle algo que la pueda herirla o lastimarla. No puedo ver a mi mamá llorar más después de todas las lágrimas que ha derramado. Y si yo levanto un poquito la voz, mi mamá se siente y viceversa. Las dos somos muy sensibles o, como decimos nosotras, «muy sentidas»; quizás se deba a que ella tiene una relación muy diferente conmigo que con las demás. Creo que me ve como Argelia la hija perfecta, aunque sé que no lo soy. Cuando discutimos algo, a mí me duele mucho, pero a ella le duele más.

Ella está con nosotros durante la semana y los viernes en la tarde se va a descansar a su casita. Allá se la pasa muy bien conviviendo con mi hermana Mayra quien también se casó. Mayra, mi hermanita la publicista, está muy ocupada con su trabajo, pero logra hacer el tiempo para visitar y comer con nuestra mamá. Vanessa, después de haberse graduado, vivió dos años en Boston y ahora está de nuevo en casita con mi mamá. Oralia vive algo retirada del este de Los Ángeles, pero también hace el esfuerzo para visitar a la jefa varias veces al mes. No obstante, a mi mamá le encanta ir a pasear a las tiendas. Tiene amigas, aunque muy rara vez me dice que va a salir a comer con ellas. No es como mi suegra, que tiene una vida social divertida y ocupada; mi mamá es más solitaria. A veces le digo que se quede con nosotros el fin de semana para irnos a pasear, pero ella está muy consciente de que Omar y yo necesitamos nuestro espacio como pareja y familia.

Anabella y Camila le dicen Nanny a mi mamá. Ella se llama Mariana y nunca quiso que le dijeran abuela, así que extrañamente desde el primer momento pidió que las niñas le dijeran Nanny.

Yo le argumentaba que eso iba a crear confusión, porque ella era la abuela y no una «nanny» cualquiera. Hubiera preferido que le dijeran abuelita, pero ella nunca lo aceptó y las niñas le dicen así. Sin embargo, lo más importante para mí es la gran satisfacción que siento cuando veo la relación de cariño y amor que se ha dado entre ellas.

Mi mamá cambió mucho a raíz del abandono de mi papá, razón por la cual no la culpo. Dejó de ser la mamá dulce y tierna para convertirse en una muy ruda y muy fuerte, y la verdad no la recuerdo siendo tan cariñosa con nosotras después de su separación. No nos maltrataba, pero tampoco fue una mamá que nos empalagara ni nos dijera: «Mis hijas, qué bonitas, cómo las quiero». Sé que nos amaba, pero le costaba mucho expresarse. Y ahora cuando veo que sí hace eso y que sí es cariñosa todos los días con Camila y Anabella, percibo ese gran corazón que tiene mi madre y revivo lo que mi mamá Toña nos hacía sentir a nosotras, sus nietas. Sé que las niñas están recibiendo el mismo cariño o hasta más de su segunda mamá. Es como una doble bendición, porque al mismo tiempo las cuida bien y nosotros podemos trabajar tranquilos sabiendo que las niñas están con la abuela. Además, mi mamá les mantiene la conexión con el idioma y las costumbres. Desde ya, Camila le pide a su Nanny la sopita de fideos, como yo se la pedía a mi mamá Toña, y quiere que la abuelita la peine en la mañana, igual que mi mamá me peinaba a mí.

Siempre tengo en mis pensamientos a mi abuelita, mamá Toña. Conservo muy marcado el momento de nuestra despedida, después de aquellos años viviendo a su lado: ella se quedó parada en la mitad de la calle llorando, mientras mi hermana y yo, montadas en un taxi, nos alejábamos y nos hacíamos chiquitas rumbo al aeropuerto. Fui varias veces a visitarla en Navidades cuando tenía varios días de vacaciones, ya que sentía la necesidad de verla. Y cuando Oralia, mi mamá y yo comenzamos a trabajar, le mandábamos dinero cada quincena para que ella no tuviera que vender sus obras de arte. Era una manera de retribuirle todo lo que había hecho por nosotras. Al tiempo, le dio cáncer en el estómago y mi mamá se fue una temporada a cuidarla durante sus últimos meses, mientras mi hermana y yo nos quedamos a cargo de la casa. Y cuando mamá Toña se puso muy malita, Oralia y yo fuimos a enterrarla. Lamentablemente, no pudimos despedirnos de ella en vida y eso aún me duele.

En cuanto a mi papá, él respetó mi decisión de no involucrarlo tanto en mi vida. Luego de esa conversación que sostuvimos en la universidad, quedamos como unos buenos amigos que después de muchos años de ausencia se vuelven a reencontrar. Y es que me costaba mucho verlo y tratarlo como a un padre. Aunque hoy ya le puedo decir *dad* con mucha confianza, en aquel entonces me resultaba extremadamente difícil y extraño pronunciar esa palabra, pues ya me había acostumbrado a no usarla. Para mí, mi mamá siempre fue también mi papá. Es más, hasta la fecha, el día del padre se lo festejamos a ella: la llevamos a comer y le deseamos «feliz día del padre».

Actualmente, mi papá es camionero y se dedica a viajar en un enorme tráiler de dieciocho ruedas, llevando y entregando cargas alrededor del país. Él me ha comentado que le daba algo de vergüenza decir que es mi padre por dos razones: porque cuando lo dice, no se lo creen y porque él no formó parte de mi sueño. Siente que no tiene derecho a hablar ni de mis triunfos ni de mi vida. No obstante, mi papá estuvo en mi graduación de la universidad, en mi boda y en otros momentos muy importantes como el nacimiento de mis niñas, sus primeras nietas. Yo personalmente lo perdoné hace mucho tiempo y tomé la iniciativa de involucrarlo más en los momentos simbólicos y emotivos de mi vida; sin duda alguna hoy lo procuro más que nunca. Curiosamente, de las tres hijas que tuvo con mi mamá, yo soy la que mayor contacto y relación ha tenido con él. A pesar de todo lo que he vivido con y sin mi papá, yo lo amo y él lo sabe. Él es el padre que Dios me dio.

## Omar

Mi infancia y mi adolescencia estuvieron regidas por los vaivenes de mi papá, Salvador Velasco, todo un personaje con una vida intensa desde temprana edad. Él creció en Jalisco, pero cuando se hizo adolescente, dejó el hogar y se fue a trabajar como brasero en los campos de Nevada y el norte de California para ayudar económicamente a sus padres. Desde ese entonces, comenzó a pasar temporadas en Estados Unidos, donde juntaba dinero, y luego temporadas en Guzmán, la ciudad de Jalisco donde vivían mis abuelos.

Me cuentan que desde aquella época mi papá fue muy coqueto —como decimos en México— y llamaba la atención de las chicas con su voz, su perfecta dicción y sus dotes de galán. Cuando se casó con mi mamá, Bertha Chávez, él ya había cumplido treinta y tres años y venía de experimentar un matrimonio anterior. Mi madre, que también vivía en Guzmán, apenas tenía diecinueve años, pero ella desde el primer momento supo que los viajes de su esposo continuarían. Al punto que, en nuestra familia, hay un chiste que siempre se recuerda. Dicen que mi papá embarazaba a mi mamá en Guzmán, venía a trabajar a Estados Unidos, luego regresaba a Guzmán a conocer al hijo que había nacido, la volvía a embarazar, y regresaba de nuevo. Cuando le avisaban que el bebé ya había nacido, se iba a México, conocía al otro hijo y una vez más la embarazaba...Y así estuvo mi papá por mucho tiempo. Yo soy el último hijo de siete en total: Salvador, Fernando, Jaime, Lorena, Jorge, Bertha y yo.

Según me cuenta mi mamá, él siempre tuvo curiosidad por la actuación, quizás para sacarle provecho a su voz de locutor de la época con una correcta entonación, la cual lo llevó a convertirse en un excelente declamador y orador. Durante un período que trabajó como mesero en Santa Bárbara, California, también animaba las fiestas del pueblo en las que declamaba, y tenía además un espacio en la radio en español que se conocía como «La hora de la fiesta mexicana».

En su mejor momento, mi papá era un galanazo con aspiraciones de actor, ya que había estudiado un tiempo en la academia de los famosos hermanos Soler de la época dorada del cine mexicano. Inclusive, participó en un par de películas donde interpretó roles pequeños.

Después de un largo tiempo con sus idas y venidas, decidió quedarse en México, pero esta vez en Colima —la capital del estado del mismo nombre— al lado de Jalisco. Yo estaría recién nacido cuando mi papá tomó esa decisión. Compró un restaurante en Colima donde pondría en práctica la experiencia que adquirió en Santa Bárbara, al trabajar como mesero y *bartender* o *barman* en el departamento de banquetes del Hotel Biltmore. Le fue bien en ese primer intento, y más adelante adquirió otros restaurantes. Él logró hacer una historia importante como restaurantero en Colima.

Cuando comencé a tener uso de razón, me di cuenta de que a mi papá le gustaba hacer muchas reuniones con sus amigos en los restaurantes, ya que también se había metido en la política. Por eso digo que él es todo un personaje. Recuerdo esas reuniones a las que asistía gente importante del mundo de la política, en las cuales mi papá se paraba y animaba. Sus saludos eran muy elocuentes: «Le agradecemos al licenciado fulano de tal por su presencia». Y todo el mundo aplaudía. Al final, siempre declamaba poemas, hasta me acuerdo de uno muy bonito que se llamaba «El Cristo de mi cabecera». Yo tendría cinco o seis años, y a veces él me entrenaba para darle una respuesta delante de toda esa gente cuando me preguntaba: «Machito (siempre me ha dicho Machito) diles lo que vas a hacer cuando seas grande». Y entonces le respondía: «Presidente de la República Mexicana». Todos aplaudían entusiasmados. En la mente de mi papá, yo iba a ser presidente de la República.

Lo cierto es que él llegó a ser presidente del Sindicato de Restauranteros de Colima, y fue entonces cuando empezó a ligarse con los políticos. Luego, se lanzó para ser presidente municipal de su pueblo, pero perdió las elecciones. Curiosamente, la política significó su fin como restaurantero, porque se ganó enemigos que poco a poco le pusieron trabas en sus negocios: le quitaban los permisos, le cerraban los restaurantes, y al final se quedó en la bancarrota. Llegó el día en que ya no podía sostenernos.

Para ese momento de descalabro económico, ya vivíamos en Guadalajara. Mi papá había decidido quedarse en Colima tratando de levantar un balneario que rentó y nos mandó a todos a vivir a la capital de Jalisco. Yo tenía nueve años cuando llegué con mi mamá y mis hermanos a Guadalajara. Tres años después, al fracasar sus intentos con el negocio del balneario en Colima, mi papá fue a Guadalajara para hacernos un anuncio: se iría a Estados Unidos a trabajar. Recuerdo que estábamos todos reunidos y mi mamá le dijo: «Si te vas, esta vez no te vas solo. Te vas conmigo». Ella se había cansado de tanta separación, y mi papá aceptó su idea.

Yo había cumplido doce años cuando mis padres tomaron la decisión de venir a Los Ángeles ellos dos solos. Los siete hermanos —cinco varones y dos hembras— nos quedamos en una casa de Guadalajara a cargo del mayor, quien ya tenía veintiséis años, se había graduado en la universidad y estaba trabajando. Yo era el menor de todos y apenas comenzaba a estudiar en la secundaria.

Habíamos crecido en Colima, una ciudad muy pequeña en comparación con Guadalajara, la capital. ¡Y ahí estábamos todos solos! Realmente, veía muy poco a mi hermano mayor, pues él llegaba a las 2:00 p.m. para continuar con la costumbre de comer en casa y luego se iba. Vivimos dos años así, hasta que durante el verano de 1988 tuvo lugar una serie de eventos muy interesantes en mi familia.

Salvador y Fernando, mis hermanos mayores, planificaron celebrar sus bodas durante dos fines de semanas consecutivos de aquel verano, de forma que mis padres pudieran asistir a ambos matrimonios realizando un solo viaje desde Los Ángeles. Después de los casamientos, uno de mis hermanos se fue a España para realizar una maestría y el otro vino a Los Ángeles, donde también cursó su maestría. Mi hermana Lorena ya estaba viviendo en Estados Unidos con su pareja, y mi hermana Betty comenzó un curso de especialización en aviones en Tijuana. Mi hermano Jaime ya tenía un tiempo en ciudad de México siguiendo su carrera de actuación, mientras que Jorge también había venido al norte a buscar algún rumbo en su vida.

Así que yo, a los quince años y recién graduado de secundaria, me quedé solo en Guadalajara. Todos mis hermanos habían reacomodado sus vidas fuera de Jalisco y mis padres seguían viviendo en Los Ángeles. En el ínterin, hice los trámites para entrar en la preparatoria de la Universidad de Guadalajara y me aceptaron. Al menos, ya tenía un plan para seguir.

Mi mamá había decidido que me quedaría viviendo con uno de sus hermanos menores, Salvador Chávez, a quien yo le decía tío Chava, cuya casa estaba en la misma cuadra de la nuestra. Él había sido víctima de un atentado a balazos muchos años atrás, cuando estaba a punto de graduarse de arquitecto, y quedó inválido para siempre. Mi abuela materna lo atendió y cuidó a diario hasta que ella murió.

Creo firmemente que mi vida cambió en aquel entonces, cuando yo tenía doce años, porque unos meses después de la muerte de mi abuela fue cuando mi mamá decidió dejarnos para venir a este país con mi papá. Como ya mi abuela no estaba, yo comencé a cuidar a mi tío Chava, siendo su secretario durante tres años. Yo no entendía ni sabía por qué él estaba tirado en una cama, nunca lo supe ni nunca lo pregunté. Simplemente, mi mamá me decía que fuera a cuidarlo y yo lo hacía.

Crecí solo. Aunque tenía amigos en la cuadra, siempre fui un chico solitario. Prefería pasarme las tardes con el tío Chava escuchando sus historias y haciéndole compañía. Creo que eso me cambió, me marcó mucho, sin entenderlo y sin buscarlo. Recuerdo que desde el balconcito del segundo piso donde mi tío pasaba sus días podía observar toda la cuadra, y desde ahí veía a mis amigos jugar. Sin embargo, prefería estar ahí con mi tío, porque sentía que él estaba solo.

En esa casa solamente vivían él y otro hermano de mi mamá que era más chico, el cual trabajaba todo el día y apenas llegaba a la casa a dormir. Una muchacha iba a diario para limpiar y preparar la comida, pero la cocina estaba en el piso de abajo y alguien tenía que subirle la comida a mi tío, o a veces prepararle algo diferente, porque no quería comer lo que le habían cocinado. Mi tío dependía mucho de mí, ya que estaba limitado a la silla de ruedas. Me llamaba y me pedía: «Ve por mis cigarros». Y aunque era menor de edad, yo llegaba a la tienda y decía: «Vengo por los cigarros de mi tío Chava», y me los daban. En la cuadra todos nos conocíamos, y así funcionaban las cosas en Guadalajara.

De repente, tío Chava me decía: «Échame un baño», y yo lo llevaba al piso de abajo, le curaba las heridas, lo metía a bañar y le cambiaba sus pañales. Desde que falleció mi abuela, prácticamente me convertí en su sombra, cosa que a mi mamá le gustaba, pues ella siempre me decía: «Procura a tu tío Chava». También lo acompañaba todas las tardes al hospital para que le hicieran la limpieza, porque tenía llagas en las piernas de tanto estar sentado.

A pesar de su condición, nunca le escuché pronunciar una maldición o una queja por estar tendido en la cama. Al contrario, mi tío Chava tenía muy buen humor y a mí me encantaba hablar con él. A veces me llamaba y me decía: «Profesor, ¿dónde andas? Te necesito, quiero prender el estéreo y poner la música». Como vivíamos a media cuadra de distancia, yo llegaba a los dos minutos. A él le gustaba escuchar música clásica. Me pedía que me sentara en la camita a su lado, luego agarraba su cigarro, lo prendía y comenzaba a platicar. A veces me hablaba de sus novias y sus experiencias con ellas, en otras ocasiones platicaba de cosas que yo todavía no entendía a mi edad.

No obstante, me fascinaba su facilidad de palabra; me atrapaba, hacía volar mi imaginación.

Cuando recién sufrió el atentado, mi tío vivió durante muchos años con mi abuela en el valle de San Fernando, en Los Ángeles, justamente donde estaban mis padres en aquel entonces. Me gustaba mucho que me contara sus historias de Estados Unidos, porque así yo me podía imaginar dónde se encontraban mi papá y mi mamá. Le contaba que mi mamá trabajaba en una casa de costura y él de inmediato me preguntaba en qué lugar quedaba. Yo le decía que en North Hollywood, entonces él me describía la zona y me daba una idea de por dónde se movía mi mamá. Eso me encantaba, así que realmente los dos nos hacíamos compañía.

Durante tres años me la pasé con mi tío viendo la tele y escuchando las historias que me repetía mil veces, pero no me importaba. Al contrario, de él aprendí a contar historias. Me fascinaba que me platicara de su adolescencia, su época de universitario y su etapa de conquistador. Nunca me habló de su tragedia, jamás.

En aquel famoso verano del año 88, después de las bodas de mis hermanos mayores, mi mamá me dijo: «Te voy a dejar dinero para que compres un boleto en autobús y te vayas a Tijuana con tus primos, los cuales van a ir desde ahí a Estados Unidos. Te vas con ellos y pasas con nosotros este verano. Luego regresas para ir a la universidad y vivir con tu tío Chava». Para ese momento, ya yo tenía quince años.

Me acuerdo que me despedí de él de la manera más casual: «Tío, me voy a ir al norte, ya me dieron mi visa, pero al terminar el verano regreso, porque voy a ir a la prepa y a vivir aquí contigo». Así que me fui con mis primos en camión varios días seguidos, en un viaje desde Guadalajara hasta Tijuana.

Llegué a Los Ángeles justamente para el cumpleaños de mi papá, que es el primero de agosto. Acababa de ver a mis padres, porque habían ido a las bodas en Guadalajara, pero antes de eso habíamos estado dos años separados, manteniendo contacto solo por correspondencia y una que otra llamada. Esa fue una etapa muy fuerte para mí, ya que desde que nací siempre había estado con mi mamá, pues era el bebé de la casa.

Quizás porque ya me tenía junto a ella en Los Ángeles, mi mamá no quiso que regresara a vivir solo en Guadalajara. Así que, un buen día durante aquellas vacaciones, me dijo: «Hijo, no vas a volver a Guadalajara. Ve y regístrate en la preparatoria». Yo le respondí: «Okay, mamá, está bien». Al final de cuentas, yo era un chico de quince años de los de antes, y mi respuesta no podía ser otra que: «Sí, mamá, lo que tú digas».

Vivíamos en Pacoima a dos cuadras de la Escuela Secundaria San Fernando, un lugar que se me hacía muy familiar, porque poco tiempo atrás lo había visto en la película *La Bamba*, que contaba la historia de Ritchie Valens. El famoso cantante de *rock and roll* había estudiado precisamente en esa preparatoria y ahí mismo filmaron escenas de la película. Mi mamá me decía: «Mijo, vas a ir a la escuela donde estudió Ritchie Valens». Yo estaba encantado; me llamaba la atención estudiar en San Fernando y estar con mi papá y mi mamá. Ya no quería irme, a pesar de que extrañaba a mi tío Chava, sobre todo porque sabía que él me necesitaba.

Todavía no sé cómo me inscribí en esa escuela, pues no sabía ni una letra en inglés. Afortunadamente, la consejera que me tocó hablaba un poco de español. Sin embargo, entrar ahí significó para mí un choque cultural. Escuchar el inglés en jóvenes de mi edad, pero muy diferentes a mí, con otras costumbres, fue verdaderamente un impacto muy fuerte.

Tuve que aprender el inglés desde el abecedario, desde decir «hello» hasta escribirlo. No obstante, las otras materias que me daban eran relativamente fáciles para mí. Ciencias, Biología y Matemáticas me resultaban elementales; lo difícil era entenderlas en inglés. Con todo, una vez que agarraba los términos y entendía lo que significaban, me daba cuenta de que esa misma materia la había estudiado cinco años atrás. Me pusieron a estudiar las tablas de multiplicar como a un niño, pues no sabía inglés y no podía estar en clases de mi nivel; sin embargo, en México ya yo había aprendido cálculos, trigonometría y estadística. A pesar de todo, me sentía fascinado con lo que estaba viviendo.

Para ese entonces vivíamos en la casa de unos primos de mi mamá donde mis padres rentaban dos cuartos: en uno dormíamos mi hermano Jorge y yo, y en el otro mis padres. Afortunadamente, mi papá se había nacionalizado desde joven y a los pocos meses de mi llegada hizo los trámites para que me dieran la residencia legal. Nunca tuvimos que enfrentar problemas con los documentos.

Puedo decir que mi relación con mi papá comenzó cuando llegué a este país, porque durante mi infancia en Colima, en los primeros nueve años de mi vida, rara vez él estuvo en casa. Eso sí, todos los días nos llevaba a los hermanos a la escuela.

Prácticamente, esa era la única relación que tenía con él: los diez minutos de camino de la casa a la escuela en Colima. Luego, rara vez lo veía durante el día, porque siempre estaba en sus restaurantes, sus negocios y con sus amigos políticos. Y cada quince días, durante el fin de semana, nos llevaba a pasear a la playa.

Como mi papá siempre tuvo esa voz y esa personalidad tan fuerte, él me intimidaba cuando yo tenía seis o siete años. Contradictoriamente, no nos permitía que le habláramos de usted. Una vez le dije «usted» y me regañó: «¿Es que no me conoces? ¿No sabes quién soy? ¡Soy tu papá! ¡Háblame de tú!». Luego, cuando nos fuimos a vivir a Guadalajara con mi mamá, nos visitaba cada dos o tres meses durante el fin de semana. Llegaba, dejaba dinero y se regresaba a Colima, hasta el año 86, cuando ambos vinieron a Estados Unidos.

Recuerdo que en ese primer año en Pacoima, California, mi papá me llevaba todas las mañanas a la preparatoria. Durante las primeras semanas de clases, ese trayecto era muy raro, porque yo no sabía qué decirle. Él me preguntaba con su vozarrón: «¿Por qué no hablas, hijo? ¿Qué te pasa? ¿Te comieron la lengua los ratones?».

Mi papá me intimidaba, y es que para ese momento realmente no lo conocía como lo llegué a conocer después.

En el verano siguiente, durante las vacaciones escolares, mi mamá me mandó a hablar con una tía de ella que trabajaba como cajera en una panadería en Sylmar. Necesitaban a alguien para lavar las ollas cuando los panaderos terminaban su faena, que comenzaba bien temprano. Además, esa persona debía limpiar las mesas grandes donde hacían el pan. El salario era de ochenta dólares a la semana y había que trabajar algunas horas durante los cinco días laborales. Lo pensé rápidamente y acepté irme a trabajar a esa panadería.

Fui con mucho entusiasmo: tenía quince años y era mi primer trabajo. No obstante, la verdad es que resultó ser muy pesado. Yo había pensado que sería como lavar los platos, pero se trataba de ollas industriales y el agua era a presión y supercaliente. Trabajaba unas tres o cuatro horas al día, metido en la cocina y en medio del calor del verano. Recuerdo una ocasión en la que me estaba deshidratando por tanto calor y casi me desmayo. Mi tía me vio tan pálido que me pidió que me sentara y me dio algo para subir el azúcar. Sin embargo, seguí trabajando ahí hasta que comenzaron de nuevo las clases.

Cada vez que me pagaban, le daba la mitad del dinero a mi mamá. Y con lo que había ahorrado de esas semanas de trabajo compré los útiles escolares y alguna ropa, porque no había traído suficiente de Guadalajara. También con ese primer trabajo le pagué a un amigo de la cuadra los cuarenta dólares que me había prestado en Guadalajara para el viaje en autobús. Él me los había dado pensando que yo iba a regresar pronto. Así que aproveché un viaje que hizo mi hermano Jorge a Guadalajara y le mandé el dinero a mi amigo.

Luego que comenzaron las clases, dejé el empleo y entré a cursar el grado décimo de preparatoria hasta el siguiente verano, cuando también se me presentó otra oportunidad de trabajo. Mi cuñado Ricardo era empleado de la bodega de una empresa que vendía artículos y ropa de deportes; su trabajo consistía en poner los pedidos en las cajas para mandarlos en los tráileres a distintos sitios del país. Entonces mi cuñado me consiguió trabajo con él, de 8:00 a.m. a 5:00 p.m., de lunes a viernes, ganando cuatro dólares la hora.

Ese verano gané un poco más de dinero que el anterior, pero siempre les daba la mitad del salario a mis padres. Lo hacía espontáneamente, porque lo quería hacer, ya que ellos nunca me lo pidieron. Para ese entonces, mi papá tenía dos trabajos como mesero en restaurantes, uno para la hora del almuerzo y otro para la cena. Mi mamá se dedicaba a la costura y trabajaba en una tienda de trajes de novias en North Hollywood.

Mi hermana Lorena ya era mamá de mi primer sobrino, Ricardo, y también vivían con nosotros en la misma casa de los primos de mi mamá: en un cuarto dormían mi hermana, su esposo y el bebé; mi hermano Jorge se quedaba en el sofá de la sala; y yo dormía en el suelo en el cuarto de mis padres. Al tiempo, mi papá compró un colchoncito, pero a mí no me importaba mucho dormir en el suelo. Estuvimos como un año así, hasta que mi hermana y su esposo se mudaron y me dejaron el cuarto para mí solo.

Como en los veranos anteriores, trabajé hasta que empezaron las clases. En aquel momento, comencé a cursar el grado onceno. Nere, mi mejor amiga en preparatoria, trabajaba en sus horas libres en Chuck E. Cheese, la pizzería para los niños. Un día, ella me comentó que estaban buscando cocineros en ese lugar y me dio la planilla para aplicar. Me interesó, apliqué, me entrevistaron y me dieron el empleo en la cocina los fines de semanas. Ya podía formar parte de la nómina, porque había cumplido dieciséis años. Ya no era como en la panadería y en la bodega, donde me pagaban efectivo por ser menor de edad.

Sin descuidar mis estudios, todos los fines de semana me iba a la pizzería y trabajaba un promedio de veinte horas. También en ese período pasé el curso para manejar y saqué la licencia. Quería comprarme un carrito, porque a mi papá se le complicaba llevarme a la pizzería. Cuando no lo hacía, tenía que tomar dos autobuses para llegar, y muchas veces regresaba a la medianoche si me tocaba cerrar el local.

Mi cuñado Ricardo tenía un coche viejo que estaba descompuesto, y un buen día me dijo: «Ese carro que está ahí es tuyo, te lo regalo». Era un Ford Fairmont blanco, pero sin motor. Entonces mi papá me prestó dinero para reparar el motor, y de buenas a primera ya tenía mi carro. Yo era el único entre los amigos de la preparatoria con carro, así que me convertí en el favorito de todos. Cuando empecé a manejar, sentí que la vida se me había facilitado.

Ese año también entré al equipo de fútbol, de soccer, porque todos mis amigos ya estaban ahí y yo no. Hice la prueba y me dejaron de portero suplente. No era muy bueno, pero con tal de estar con mis amigos siempre iba a las prácticas. Así transcurrían mis días: de lunes a viernes estudiaba y los fines de semana trabajaba en la pizzería.

Poco a poco, empecé a pedir más días de trabajo en la pizzería, ya que se me hacía más fácil el traslado con mi carro. Así que ya no eran solo los fines de semanas, sino que ahora salía de clases al trabajo dos o tres días durante la semana. Por lo tanto, comencé a ganar un poquito más de dinero y a pagarle a mi papá el préstamo que me había hecho para reparar el motor.

A los seis meses, me nombraron el empleado del mes y me hicieron supervisor. Ya no tenía que lavar las ollas ni las charolas, ni limpiar los pisos. A partir de ese momento, laboraba en la preparación y el corte de las pizzas. Me convertí en el rey de las pizzas: tenía el récord en hacer el corte de pizza más rápido. Y también, poco a poco, comencé a manejar al equipo. Tenía diecisiete años y debía supervisar a señores de cuarenta años, los cuales me ignoraban y me llamaban mocoso. A veces sentía un poco de miedo, porque me tocaba cerrar tarde en la noche, ya que entraba entre 4:00 y 5:00 p.m. y me iba a las 11:00 p.m. o 12:00 a.m. Muchas veces ni siquiera me alcanzaba el tiempo para hacer la tarea. Sin embargo, el trabajo me gustaba.

Esa fue mi rutina durante los grados onceno y duodécimo de la preparatoria. Y cuando me gradué, renuncié a la pizzería, porque quería tomarme seis meses de descanso antes de entrar al colegio comunitario, a donde se fue a estudiar la mayoría de mis compañeros. Sin embargo, decidí pasar un curso de computación de cuatro meses para aprender los programas de oficina.

Al terminar los estudios en la escuela de computación, ellos mismos me buscaron trabajo y me remitieron a una compañía de *telemarketing*. Y así me emplearon en esa empresa de servicio al cliente.

Mi papá me insistía en que no le diera nada, pero yo le seguía entregando la mitad de mi sueldo. En ese tiempo, mi mamá juntó un dinero, renunció a su trabajo en la casa de trajes de novias, y rentó un pequeño local parar abrir su propio negocio.

Como yo comenzaba a trabajar a las 12:00 p.m. y no estaba yendo a la escuela, en la mañana llevaba a mi mamá a comprar las telas que necesitaba para los trajes.

Meses después, apliqué para el departamento de control y calidad de la misma empresa de telemarketing donde estaba empleado. Quería formar parte del equipo que monitoreaba las llamadas para asegurarse de que los agentes cumplieran con las normas de atención al público. Acababan de abrir el servicio en español, y gracias a que yo hablaba, leía y entendía muy bien mi idioma nativo, me contrataron.

Para ese entonces, dejamos de vivir con la tía y rentamos una casa de dos habitaciones en Pacoima. Mi hermana Lorena regresó a vivir con nosotros para ayudar con la renta. Yo dormía en el sofá cama de la sala y mi hermano Jorge en el garaje, donde hicimos una habitación. Había pasado un año desde que terminara la escuela de computación, y ya había cambiado el Ford Fairmont por un Toyota Corolla más nuevo. Fue entonces cuando me entró la duda sobre lo que quería seguir haciendo.

Desde niño, escuché a mi papá decirles a mis hermanos que en su casa sus hijos no tenían que trabajar, sino estudiar. Así que llegó el momento en que le di la razón a mi papá y me matriculé en el colegio comunitario para estudiar Ciencias de la Computación. Allí estuve durante dos semestres, pero después me aburrí.

Empecé a trabajar en un departamento nuevo que abrieron para Apple, en la misma empresa donde estaba contratado. Debido a mi inmadurez, sentía que no era necesario un título universitario para progresar en este país. Yo me creía el rey del mundo teniendo mi carro, mi noviecita y un trabajo donde debía usar corbata todos los días. Dejé definitivamente las clases, pero seguía ayudando a mis padres con mi sueldo.

En aquel entonces, mi hermano me presionaba tanto o más que mi papá para que siguiera estudiando. Hasta el punto en que un día me dije: «Okay, voy a regresar a la escuela, pero voy a aplicar para la Universidad Estatal de Northridge, donde me aceptaron cuando salí de la preparatoria». Entonces, fui a la universidad, hice los exámenes, y me volvieron a aceptar en Ciencias de la Computación para comenzar en el otoño de 1993. Como tenía un tiempo largo sin ir a la escuela, fallé un poco en la escritura y en matemáticas, y tuve que tomar seis meses de puro inglés y matemáticas para llegar al nivel requerido. Sin embargo, terminé tan bien que integré el cuadro de honor en ese primer año.

En ese momento, mi tío Joaquín Garza era el programador de una estación de radio en Los Ángeles que se llamaba FM 98. Él le dio trabajo a mi hermano Jorge, quien desde muy joven aseguraba que quería ser locutor como mi papá. Así que Jorge, cinco años mayor que yo, comenzó a trabajar los fines de semana como locutor gracias a mi tío.

Jorge me hablaba sobre los artistas que había conocido, los eventos a los que asistía y sus andanzas con las chicas. Él siempre ha sido muy coqueto, y la radio le daba acceso a las muchachas. Quizás fue así como empecé a interesarme en la radio. Lo que sí es cierto es que no estaba seguro de querer ser ingeniero de computación. Empecé a escuchar los cuentos de mi hermano Jorge en la radio y se me despertó un gran deseo que parecía haber estado siempre latente en mí.

Comenzó el año 1994 y yo seguía estudiando en la universidad y trabajando en la misma compañía. Hasta que llegó aquel día en que iba manejando y escuché en la radio el comercial de Pepe Barreto anunciando la academia de locución. De inmediato, suspendí mis clases en la universidad y me inscribí en el curso de locución, que duraba un año. A mediados de 1995, cuando me gradué, el director del instituto me recomendó para un empleo. Por esas cosas del destino, Richard Santiago, nuestro locutor de noticias en «El *show* de Omar y Argelia», fue quien me dio mi primer trabajo en la radio.

Ya no había vuelta atrás: inicié mi carrera y mi pasión por la radio sin dejar de trabajar ni de colaborarles mensualmente a mis padres. Tenía dos empleos: en la empresa de telemarketing trabajaba durante la semana y en Cadena Radio Centro tenía el turno de 12:00 a.m. a 6:00 a.m. los fines de semana. Ya no había tiempo para los estudios. Y mientras más dinero ganaba, más le aumentaba la mensualidad a mi papá, quien para ese entonces aún seguía trabajando.

Con todas estas cosas, a mí ya se me habían olvidado los estudios por completo. Paralelamente a mi trabajo en telemarketing, trabajé en Cadena Radio Centro durante seis meses hasta que cerraron esa división. Sin embargo, a principios de 1996, Richard Santiago me volvió a llamar para entrar en la estación 10:20 a.m., que acababa de cambiar su formato con noticias las veinticuatro horas del día y reportes del tráfico cada quince minutos. Y una vez más tomé el turno que a nadie le gustaba: viernes, sábado y domingo, de 12:00 a.m. a 6:00 a.m. A mí no me importaba el horario, solo me apasionaba trabajar en la radio.

Recuerdo que un buen día mi supervisora en la estación me llamó para decirme: «¡Felicidades! El fin de semana vas a seguir en la 10:20 a.m. con el horario de la madrugada, pero de lunes a viernes vas a trabajar de 5:00 a.m. a 9:00 a.m. y de 3:00 p.m. a 7:00 p.m. como reportero de tráfico». Eran dos estaciones, una que se llamaba la Tricolor en aquel entonces, y la otra era Súper Estrella. Debía empezar al día siguiente, así que de inmediato me fui a la empresa de telemarketing y renuncié.

Afortunadamente, durante la recesión que vivió el país en el año 2001, yo seguía con mi empleo en la radio. Y tal como ya lo hemos contado en las páginas anteriores, a mediados del 2003 comenzó mi aventura en K-Love junto a Argelia. Mientras tanto, mis padres continuaron sus vidas, cada uno a su ritmo.

Hoy en día, mi mamá —con más de setenta y cinco años de edad— está muy bien de salud y sigue renovando su licencia de manejar sin problema alguno. Ella siempre ha sido muy buena para hacer cosas con las manos; si no está cosiendo, está tejiendo, pintando, o haciendo collares, pulseras y aretes. Cuando vivíamos en Colima, en la época en que mi papá tenía sus restaurantes, ella daba clases de artes manuales. Todavía pinta cuadros y manteles y hace cosas muy bonitas con sus manos. Yo pienso que esas actividades le mantienen la mente sana. También, de vez en cuando, tiene un cliente que desea que le confeccione un vestido de novia. Y todos los años se va un par de meses para disfrutar de las fiestas del pueblo en México.

Cuando me casé y salí de la casa de mis padres, la dinámica de mi mamá cambió, porque ella dependía mucho de mí y se sentía muy segura estando yo ahí. Luego se quedó sola con mi papá y fue una situación muy difícil para ella, porque nos dimos cuenta de que la mente de mi papá había comenzado a fallar. Precisamente por eso perdió su trabajo: lo despidieron como vigilante de un banco, porque olvidó hacer algo muy importante que era parte de sus funciones.

Desde joven, mi papá siempre fue un hombre alegre, buen mozo, dicharachero, que iba al gimnasio todos los días. Dejar de trabajar lo afectó mucho y lo hizo cambiar de la noche a la mañana. Esas son las cosas de la vida que nos toca aceptar.

La decisión de dejar a mi papá en una casa de cuidado fue muy difícil, pero también la tomamos tratando de proteger a mi mamá, porque ella simplemente no puede cuidarlo. Todos mis hermanos están ocupados, y mi mamá entiende que sus hijos ya están casados y tienen sus propias vidas. Mi hermana Betty vive en la casa de mis padres, pero ella trabaja y los sobrinos se van a sus escuelas. Además, mi papá es diabético y lleva una dieta especial: si no la cumple se pone mal. Sí, esa fue una decisión bastante difícil, pero ahora está muy bien a pesar de que ha tenido algunos episodios.

A mi tío Chava —con quien tuve una relación muy importante en mi vida— lo volví a ver seis o siete años después de aquel verano cuando me despedí de él creyendo que regresaría unas semanas más tarde. Cuando finalmente fui de vacaciones a Guadalajara y mi tío me vio, le brillaban los ojos. Estuve dos semanas acompañándolo, como si no hubiéramos tenido ni un solo día de separación. Seguía contándome sus historias, pero esta vez era yo quien le hablaba sobre Estados Unidos. Su rutina seguía igual, y en las tardes iba al hospital.

Regresé a Guadalajara en un par de ocasiones más para estar con mi tío Chava durante el tiempo que duraban las vacaciones. Habían pasado treinta años desde que cayó en cama, sus órganos comenzaron a fallar, y las llagas de sus piernas y espalda empeoraban cada vez más. Lo internaban a cada rato en el hospital, porque le subía la temperatura y se enfermaba. Así, llegó a pasar meses hospitalizado. Recuerdo que en un momento de su gravedad hablé con él por teléfono. Y prácticamente esa fue mi despedida: «Tío, yo sé que estás mal, pero desde acá te echamos muchas porras, échale tú muchas ganas». Él me dijo: «Omar, lo estoy intentando». Y yo solo atiné a contestarle: «Bueno, tío, cualquier cosa, aquí estamos».

Poco antes de casarme con Argelia, mi mamá recibió la llamada de un familiar anunciándole el fallecimiento de mi tío Chava. Yo estaba trabajando en el *show* y le dije a mi mamá que no podía ir con ella a los funerales. Sin embargo, en el fondo tenía mucho miedo de ir, porque sentía que lo había abandonado todos esos años, sentía una culpa muy grande. Creo que pude haber hecho un poco más por él desde aquí durante esos años en que seguía enfermo.

Mi tío me proporcionó grandes enseñanzas, por eso me he arrepentido mucho de no haber ido a despedirme de él en su funeral. En marzo de 2007, Argelia y yo corrimos el maratón de Los Ángeles y yo se lo dediqué a él, corrí en su memoria. Fue algo simbólico, porque yo estaba corriendo mientras que mi tío pasó más de treinta años sin poder caminar.

Durante todo el tiempo que cuidé a mi tío Chava —entre mis doce y mis quince años— crecí mucho. Más aún, siempre he pensado que crecí siendo muy joven y que eso contribuye a esa seriedad mía que tanto molestaba a Argelia cuando nos conocimos. Mi mamá y mi papá estaban aquí y yo me encontraba solo allá, con mi tío. Fui un niño solitario, y quizás por eso soy tan callado fuera de la radio.

A pesar de ser el menor de todos mis hermanos, mi madre siempre consulta todo conmigo. Y yo como que me lo busco, como que me echo el peso de todo encima. Sé que tengo el apoyo de mis hermanos, pero al final del día, soy el hijo de mi padre y en mi corazón siento que trabajo en la radio gracias a él. Yo la aprendí por él. No me la enseñó expresamente, pero con seguridad la heredé de él.

# ⁓ Epílogo ⇾

## Hasta que la muerte nos separe...
## y nos vuelva a juntar

NUESTRO *AMOR AL AIRE*, COMPARTIDO con ustedes en las páginas anteriores, está cargado de mucha vida y entusiasmo por seguir adelante. Como pareja, hemos sorteado numerosas pruebas y desafíos que siempre nos han llevado a un final feliz. Y justamente cuando nos proponíamos a lanzar este libro, el destino nos volvió a poner en jaque con una de sus jugarretas. Afortunadamente, Cupido, ese adorable Dios del Amor, siempre ha estado presente en nuestras contingencias... aun en este triste episodio familiar.

Iniciamos el año 2016 con una preocupación que nos mantenía alertas: la salud de Salvador Velasco, el padre de Omar, se deterioraba cada día más. Ese hombre fuerte y luchador que supo lidiar con la diabetes y la presión alta durante la mitad de su vida, que salió airoso de una operación de corazón abierto y además fue sobreviviente de cáncer, se enfrentaba al desgaste acelerado de su cuerpo a pocos meses de cumplir los ochenta y nueve años de edad. El mes de enero culminó con la certeza de que el amado patriarca de la familia muy pronto dejaría de estar entre nosotros.

Yo cumplí años el 1 de febrero, y para esa fecha mi suegro ya tenía una semana de estar muy delicado. Inclusive le dije a Omar: «No te preocupes por mi cumpleaños. Yo lo paso con las niñas, y luego estoy un rato con mi mamá y mis hermanas». Y él me dijo: «No, no. Vamos a salir a cenar». No obstante, por mi mente cruzó un pensamiento: «Diosito, por favor, permite que mi suegro se mejore. Y si se va a ir, si te lo quieres llevar, no más que no sea el día de mi cumpleaños, porque Omar, yo y toda la familia vamos a estar demasiado tristes». Bueno, pasó mi cumpleaños y al menos fue una linda distracción para Omar salir dos horitas a celebrar. Sin embargo, sucede que en febrero hay muchos cumpleaños en la familia. Seguía el cumpleaños de Ricardo, el cuñado de Omar y nuestro padrino de bodas. Y después venía el de Lorenita, una sobrina que cumple el 13 de febrero. Justo ese día estábamos todos en el hospital, esperando los últimos momentos de mi suegro. Todos la felicitamos, pero ella, que cumplía diecisiete años, estaba muy afectada por lo que sucedía con su abuelito. Fue entonces cuando pensé en voz alta: «¡Qué lindo sería que mi suegro partiera el día 14, el día del amor y la amistad!».

Era la primera vez que nos enfrentábamos a la inminente partida física de un ser querido en nuestra familia. Por primera vez sentíamos esa tristeza profunda multiplicada en cada uno de los miembros del clan, reflejada en los ojos de los que amábamos a ese hombre que se afanó por sacar adelante a un hogar de siete hijos durante una unión matrimonial que abarcó cincuenta y siete años.

No obstante, nadie nos había entrenado para ese momento. Hablábamos de la muerte sin saber muy bien de qué se trataba. Tuvimos que afrontar nuestros temores y aprensiones para darle la cara a un hecho que ya era irreversible.

Durante esos últimos días, cuando iba a visitarlo al hospital, sentía mucho miedo. Sabía que se iba a ir, pero no quería que se fuera mientras yo estaba ahí. No quería vivir ese momento, no quería ser yo el último en verlo respirar. No por cobardía, sino porque no quería tener ese último momento en mi mente. Quizás fue egoísta de mi parte pedirle a Dios que no me permitiera vivir ese momento tan doloroso, que al final no me dio. Sin embargo, también llegué a pedirle a Dios que se lo llevara, porque veía su cara, veía su mirada... mi papá no podía hablar en esos últimos días, pero con su mirada lo decía todo. Y durante sus últimos dos o tres días, fue muy fuerte, pues estiraba su mano y podíamos apenas escuchar que decía: «Mamita, mamita, ayúdame». No sé si algún día lo vamos a vivir o no, pero cuando las personas ya están en ese momento, parece que llegan a ver a sus seres queridos que se fueron antes.

Y así fue como llegó el 14 de febrero, un día que siempre hemos festejado en pareja sin otorgarle mayor trascendencia, porque invariablemente Omar ha dicho que el amor se debe celebrar cada día del año y no durante uno en especial. Pero, ahí estábamos ese domingo en el hospital, esperando el momento crucial, todos colmados de amor. Esposa, hijos, nietos y nueras, juntos, integrados en un solo corazón. Fue como si Dios nos hubiera dado un mandato: «Este día es de puro amor». Y todos obedecimos.

Gracias a ese amor que mi suegro compartió con su esposa pudo ver sus frutos hasta el último instante. Y él se fue rodeado y sintiendo el amor de sus seres queridos. No se fue solo, se fue escuchando cada palabra, sintiendo cada contacto de nosotros. Y se lo decíamos: «No estás solo. Aquí estamos todos contigo. Aquí está Luis Ángel, Leo, Yuli, Cassi, Camila, Anabella...», en fin, mencionábamos a todos los dieciocho nietos para que él escuchara, porque ya no abría sus ojitos. Era muy importante que supiera que estaba rodeado de amor, del producto de su amor. Y también hubo testigos, al igual que aquel día cuando se dieron el sí para toda la vida. Ahora los testigos eran los hijos, los nietos y nosotras, las nueras. Y le dije a Omar: «¡Qué hermoso, qué romántico, qué poético!». Dios escogió un día perfecto para que él se fuera. Y ahora, el día de San Valentín sí va a tener mucho más fuerza, significado e importancia en la familia Velasco.

Dios fue generoso con nosotros, porque al siguiente día de su partida, el lunes 15, se celebraba el Día de los Presidentes y lo tuvimos libre en la radio. Nosotros sabíamos que en K-Love nos darían licencia para no hacer el programa mientras pasábamos tan doloroso trance. Sin embargo, era Omar quien decidiría si el *show* debía continuar sin interrupción. Mientras duró la gravedad de su padre, se hizo muchas preguntas: «¿Voy a poder hacer el *show*? ¿Dejo de trabajar por un tiempo?». Lo cierto es que Omar y Argelia, nuestro programa radial, tiene vida propia y era una importante decisión a tomar durante ese lunes.

Mi papá siempre salió adelante. Para él era muy importante el trabajo. Nos enseñó a trabajar. No recuerdo a mi papá quedándose en casa por enfermedad o porque no tuviera ganas de trabajar, ni un solo día, ni en Colima, ni en Guadalajara, ni aquí... Hasta que se retiró. Pensando en todo eso, tomé la decisión de llevar el luto en mi corazón, llevarlo por dentro y continuar el *show*, salvo en los dos días de los servicios fúnebres. Argelia me apoyó. Y tuve la fuerza de sacar adelante el programa. Lo quise hacer. La radio no me necesita. Yo necesito a la radio. Si estoy ahí o no estoy, la radio no deja de ser radio. Yo tuve esa necesidad de ir a trabajar, la necesidad de distraerme esas horas y de dar lo mejor de mí. Y no quiero ser ejemplo ni quiero ser héroe, porque no soy el único que pasa por una pena así. Así que si me escucharon al aire, no era porque estaba feliz. Es porque debía seguir adelante y mostrar mi mejor cara ante la pena y el dolor.

Nunca imaginamos el derroche de apoyo que recibimos del público en aquellos días. Desde que iniciamos nuestro *show* hemos dicho que sentimos el cariño de los oyentes, pero también pensamos que si sobreestimamos mucho el éxito, se nos puede subir a la cabeza, y luego perderíamos la noción de quiénes somos realmente. No queremos que nos vean como celebridades, porque no lo somos. Sin embargo, lo que sí confirmamos en medio de tanta pesadumbre es que el público nos ve como parte de su familia. Y así como lo hacían en las buenas, también en las malas se entregaron a nosotros para compartir nuestro pesar.

Omar sorprendió a quienes conocen su carácter reservado cuando pidió que se colocara en las redes sociales del *show* una foto de él con su papá, tomada el día de nuestra boda. Nunca antes habíamos recibido tanta comunicación por medio de Facebook como la que tuvimos con esa imagen: más de veintiséis mil *likes* y más de cinco mil comentarios. Para nosotros, ese fue un fuerte indicador del respeto y la admiración que el público siente por el programa, y en especial por Omar. Cada mensaje fue una oración por Salvador Velasco, y precisamente eso era lo que Omar quería: mientras más oraciones por su padre recibiera, aunque provinieran de gente que no lo conocía, más reconfortado se sentía.

Honestamente, me dije: «Conociendo a Omar, él va a ir a trabajar después de la partida de su padre, pero seguro no dirá nada al aire». Incluso, sus hermanos le preguntaron: «¿No vas a dedicarle algo al viejo en el programa?». Y Omar contestó: «No, porque es algo muy personal». Yo pensé que de verdad Omar se iba a callar. Cuando llegamos a trabajar el martes, me tomó por sorpresa un favor que Omar me pidió justo antes de entrar a la estación. Me dijo: «Mi amor, ¿podrías dedicarle el detalle del día a mi papá? Por favor, dile al público que el detalle del día sea que hagan una oración por el descanso eterno de mi padre». Por supuesto, le dije que sí. Y fue entonces cuando Omar me comunicó: «Voy a dedicarle el *show* a mi papá». Se me hizo muy lindo el gesto de su parte, pero yo no tenía ni idea de lo que él iba a hacer. Nada más me dije: «Lo voy a seguir y que sea lo que él quiera». Omar hizo algo muy bonito: al abrir el micrófono y dar los buenos días, le informó al público sobre lo que había sucedido. Y sentí que el público lo apreció mucho. Así como cuando les contamos sobre nuestro noviazgo, nuestro compromiso, la boda y los embarazos. Ese martes, cuando Omar abrió el micrófono y como un ser humano —no como locutor ni presentador, sino como hijo— compartió su pena, e inclusive le pidió permiso al público para dedicarle el *show* a su papá, la gente fue tocada por sus palabras, por su decisión de compartir algo tan íntimo y doloroso. El público sintió algo como: «Es Omar, mi amigo, el que me acompaña todos los días, ahora él me necesita a mí. ¿Cómo le pagamos ese amor?». Eso es lo que más me ha cautivado. Para mí, ese *show* dedicado a la memoria de su padre ha sido uno de los programas más hermosos y puros que hemos hecho.

Y es que nosotros, a lo largo de estos años, también hemos tenido la oportunidad de consolar a muchos radioescuchas que nos llaman y nos narran sus penas. Como ya lo contamos en páginas anteriores, hasta le hemos dedicado canciones a sus difuntos o sus seres queridos que están por irse. Ciertamente, nos sentimos bendecidos por la calidad de público que tenemos.

Ahora, después de vivir esta experiencia, podemos decir que la muerte de un ser tan amado nos ha hecho reflexionar sobre nuestras vidas. Aunque estamos escribiendo estas líneas a los pocos días de haberle dado el último adiós en el cementerio, nos han cruzado por la mente pensamientos y consideraciones sobre nuestro diario vivir.

He pensado mucho en mis hijas y en cómo de ahora en adelante voy a llevar mi vida. Le dije a Argelia: «Ya no me quiero enojar, ya no me quiero molestar por nada. Esa va a ser una misión en mi vida». Porque luego te vas y te vas. Te vas y no te llevas nada. Y creo que ese es el mensaje que me ha dado mi padre: aprovecha a tu familia, ámala, trabaja hasta lo más que puedas trabajar sin descuidar a tu familia, y cuídate. Me quiero cuidar para poder llegar a una edad bien anciana... Pues, sí. La vida es un instante. Hay que estar bien y gozar a los tuyos.

Desde su comienzo, este libro está abarrotado de amor, de un amor que se dio frente al micrófono, trabajando día a día. Y como producto de esa bella obra de Cupido, nuestra relación dio sus frutos: Camila y Anabella, una extensión de la vida de cada uno de los dos.

La partida de mi suegro fue para mí como un despertar. Me dije: «Argelia, bájale el ritmo, porque no eres eterna». Curiosamente, yo había comprado unas orquídeas en diciembre. Esas son unas flores que duran una eternidad. Sin embargo, resulta que poco antes de que Omar me llamara desde el hospital para decirme que a su papá solo le quedaban algunas horas de vida, una de las orquídeas blancas se desprendió y lentamente cayó justo frente a mis ojos. Entonces la recogí y pensé: *Así como una flor tiene un ciclo, nosotros también lo tenemos.* El ciclo de mi suegro ya terminó, y fue muy lindo, porque él nunca tuvo que enterrar a un hijo o un nieto. ¡Qué dicha saber que no pasó por ese dolor y que Dios nos permitió a nosotros completar el ciclo natural de que los hijos entierren a sus padres! Y obviamente, pensé en mi ciclo y en lo hermoso que va a ser que mis hijas me cuiden hasta el último instante. Quisiera tener la paz que tuvo mi suegro en esas últimas horas. O al menos estar rodeada de amor y no irme sola. Porque a mí sí me da miedo la muerte. Será porque mis hijas están muy pequeñas y siento que todavía tengo mucho por hacer. También he reflexionado mucho sobre mis padres. Afortunadamente, tengo una relación muy estrecha y bonita con mi mamá, pero pienso que debo aprovecharla más, platicar más de su día a día, consentirla y saber más de ella.

Y con mi papá la comunicación ha mejorado bastante. El año pasado él también perdió a su mamá, mi abuela, y eso nos unió a ambos. Mi papá y yo tuvimos momentos muy intensos en los que sacó a la luz cosas que estaban muy dentro de él. Y yo le presté mi hombro. Me di cuenta de que no lo conocía todavía. Y ese es el consejo que hoy les doy a mis hermanas, especialmente a la pequeña, que no ha convivido mucho con él. Sería muy bueno para ambos que antes de que sea demasiado tarde tengan una plática larga y tendida. Uno no puede decir: «Mañana», porque quizás mañana no llegue nunca.

Anabella con sus cinco años y Camila con sus siete siguen siendo unas niñas felices y mimadas. Van creciendo con muchas actividades y sus personalidades muy marcadas. Anabella es muy alegre, bromista y extrovertida, especialmente cuando baila y pinta. Camila es más seria, muy concentrada y dedicada a sus clases de piano y tenis. Ambas se complementan y se adoran, tanto como nosotros a ellas.

En medio de nuestras tribulaciones, pensamos que fue lindo que las niñas se hayan dado cuenta de que morir es parte de la vida. Ellas ya saben que llegamos a este mundo, vivimos una larga vida, y después nos vamos a otro mundo aún más hermoso. Un tiempo antes de la muerte de su abuelito también presenciaron la tristeza de Argelia, cuya abuela paterna —con quien no mantenía una estrecha relación— también partió físicamente.

Semanas antes yo fui a visitarla y por fortuna era un día muy lindo y soleado. Salimos a pasear al jardín, donde ella me acarició la cara, el pelo, y me tomó de las manos firmemente. En ese momento, sentí que me estaba pidiendo perdón, y eso me tocó profundamente. Fue entonces cuando le dije que había perdonado sus ausencias en mi vida. Semanas después, mamá Licha falleció. Me dolió mucho su partida y claro que lloré, inclusive ha sido una de las pocas veces que las niñas me han visto llorar de tristeza. Camila me preguntó por qué lloraba y le dije: «Es que mi abuela se ha ido al cielo». Le expliqué quién era su bisabuela y que ya se había ido a un lugar muy bonito a descansar.

Anabella y Camila ya sabían que su abuelito Salvador estaba enfermo. Durante sus últimos dos años, íbamos con ellas a visitarlo al hogar. Se habían acostumbrado a verlo delicado, en silla de ruedas y con dificultad para hablar. Sin embargo, llegó el momento en que comenzamos a prepararlas para el final.

El sábado 13 de febrero, Omar me dijo que llevara a las niñas al hospital para que acompañaran a toda la familia que ya estaba despidiendo a su papá. Yo las senté y les dije: «Vamos a ir al hospital, porque ahora sí que el abuelito está muy, muy, pero muy malito, y él las quiere ver, pues ya se quiere ir al cielo con Dios». Anabella dijo tajante: «Se va a morir». Y Camila la regañó: «No se va a morir, porque se va a ir al cielo y en el cielo todavía hay vida, nada más que está en otro lugar, y va a estar con Dios y nos va a cuidar, y va a ser nuestro ángel». Camila le repitió a Anabella toda la explicación exacta que yo le había dado a ella cuando falleció mi abuela unos meses antes. ¡Y eso me encantó! Luego, al día siguiente, el 14 de febrero, ellas llegaron temprano a mi cuarto brincando y diciendo: «¡Happy Valentine's Day!». Para los niños, ese también es un día muy especial. Estaban muy contentas. Y cuando preguntaron por Omar, les dije: «¿Saben qué? Papi se fue al hospital, porque abuelito ya no está aquí, ya está en el cielo». Y las dos al mismo tiempo, con sus caritas de asombro, se taparon la boca con las manitas. Camila me dijo: «*Mommy, I'm so sorry*» [Mami, lo siento mucho], y se lanzó a abrazarme. Ellas tenían un sin fin de preguntas sobre la nueva casa de abuelito, así que me dediqué a escucharlas y a contestarles lo mejor que pude. Horas después, cuando vieron a su papi, corrieron hacia él para abrazarlo y consolarlo. Camila inmediatamente le dijo: «*Daddy*, siento mucho tu pérdida». Y hasta la fecha, cuando ven a Omar en un estado emotivo, lo abrazan y Camila le dice que abuelito está bien.

Lo cierto es que, cuando reflexionamos sobre el final de la vida, nos viene a la mente el amor. Y al igual que los padres de Omar, queremos seguir juntos hasta que la muerte nos separe, viviendo y disfrutando el presente en cada momento. Al igual que aquella pareja de ancianos que Argelia vio y contempló durante un viaje a Mónaco con su mejor amiga Carlota. Tomados de la mano, los viejitos caminaban a la orilla del mar. En ese momento, Argelia declaró: «Ojala un día yo pueda vivir lo que esa parejita está viviendo».

Yo pienso igual, pero vamos a ver si puedo cumplir mi misión de vida de no enojarme. Porque Argelia dice que voy camino de convertirme en «cascarrabias». Y yo le digo: «Bueno, aguántame». Sin embargo, claro que sí, con Argelia hasta la muerte. No está en mis planes destruir esta familia por algún acto que yo cometa. Voy a cuidarla, voy a cuidar a mis hijas y a seguir el legado y el ejemplo de mi papá. Él le tenía mucho amor a su familia.

Y como el *show* debe continuar, Omar y Argelia se mantienen en línea ascendente. Los índices de audiencia nos siguen colocando en primer lugar tanto en el mercado hispano como en el general, K-Love nos evalúa con una alta puntuación, y el público nos manifiesta a diario su cariño. ¿Cómo no estar agradecidos?

Nuestro amor por la radio es muy grande. Sin embargo, iremos analizando lo que el destino nos ponga en el camino. No nos negaremos a contemplar otras alternativas, pero de algo que no dudamos nunca es de nuestra pasión por la cabina y el micrófono.

También sabemos que Omar y Argelia continuarán juntos en cualquier sendero laboral que se nos presente. Juntos somos más fuertes y poderosos. Honestamente, no nos vemos trabajando con alguien más que con nosotros mismos.

Pues sí, van a tener a Omar y Argelia «juntos» para rato. Y solo le pedimos a Dios que el amor siga siendo nuestro guía.

# ~¿ Agradecimientos ¿~

A UNIVISION RADIO POR SIEMPRE apoyar nuestras carreras. A la mejor estación del mundo, K-Love 107.5 FM, que nos ha dado TODO.

A nuestros amigos programadores que siempre nos han motivado a entregar lo mejor de nosotros. Isabel González, Fernando Pérez, Haz Montana, José Santos, y especialmente a nuestra hermosa María Elena Nava.

A nuestros colegas que han colaborado en el programa desde su inicio. Especialmente a Eder Díaz, Carlos Gutierrez, y a nuestro querido amigo Richard Santiago.

Al Padre Luis Valbuena que siempre nos ofrece su apoyo moral y guía espiritual.

A nuestro mánager Luis Medina por empujarnos a empezar y concluir este libro. A la escritora Elizabeth Baralt por su guía durante el proceso de entrevistas y transcripción.

Y finalmente, a nuestros queridos radioescuchas por abrirnos las puertas de sus corazones, casas, autos, lugares de trabajo, y tratarnos como parte de sus familias. A ustedes les dedicamos nuestra más linda aventura con amor y gratitud.